Gernot Firsching

REISE, REISE!
DIE PLICHT RUFT!

Gernot Firsching

REISE, REISE!
DIE PLICHT RUFT!

Segeln ist, wenn man trotzdem lacht

Koehlers Verlagsgesellschaft mbH · Hamburg

Die Deutsche Bibliothek – CIP-Einheitsaufnahme

Firsching, Gernot:
Reise, Reise! Die Plicht ruft! : [segeln ist, wenn man
trotzdem lacht] / Gernot Firsching. –
Hamburg : Koehler, 1997
ISBN 3-7822-0687-8

ISBN 3 7822 0687 8; Warengruppe 59
© 1997 by Koehlers Verlagsgesellschaft mbH, Hamburg
Alle Rechte, insbesondere das der Übersetzung, vorbehalten.
Umschlaggestaltung und Illustrationen im Innenteil:
Joanna Hegemann, Hamburg
Layout und Produktion: Hans-Peter Herfs-George
Druck und Bindung:
Hans Kock Buch- und Offsetdruck GmbH, Bielefeld
Printed in Germany

Inhalt

Vorwort

Die Handlung dieser Erzählung ist erfunden, auch wenn ich den Großteil dieser Erlebnisse leider am eigenen Leibe erfahren mußte. Ich möchte da gar nicht die allgegenwärtige Berufsschiff-Phobie der besten Steuerfrau von allen, meine latente Abneigung Segelscheinprüfern gegenüber und verschiedene, zugegeben nicht immer sonderlich feine Methoden, die sich anbieten, um zu verhindern, daß man von Schiffen gleicher Größe abgehängt wird, anführen.

Um den Anfeindungen pathologischer Segelscheinpuristen und bibelfester Ausbilder gewisser elitärer Dachorganisationen des Segelsports gleich von vornherein entgegenzutreten, verkünde ich hier, daß es weder einen Dr. Schulze noch das von ihm verfaßte Standardwerk zum Thema Segeln in der Form je gegeben hat.

Honni soit qui mal y pense!

Sag niemals nie!

Das Licht an der Schranke sprang von Rot auf Grün. Menschenmassen ungeahnten Ausmaßes setzten sich in Bewegung. Wie üblich roch es nach teurem Parfum, Bohnerwachs und abgestandenem Zigarettenqualm. Ich ließ mich von der Woge vor Aufregung und Anspannung schwitzender Körper durch die Gasse am Eingang mitreißen. Dann war ich endlich drinnen. Daß heißt, eigentlich stand ich draußen. In meinem dünnen Hemdchen und einem ebenso fadenscheinigen dunkelblauen Zweireiher fror ich wie der sprichwörtliche Schneider, denn zwischen den Hallen 6 und 7 pfiff der Wind mit beinahe ebensolcher Beaufortstärke ungehindert durch und wirbelte die Schneeflocken vom Erdboden auf. Schaudernd zog ich den Kopf zwischen die Schultern und stürmte hinauf in die „Röhre", einen Glasgang, über den man trockenen Fußes weiter entfernte Hallen erreichen konnte. Warum zum Teufel mußte die größte Wassersportausstellung der Welt ausgerechnet im Januar stattfinden, wenn vernünftige Leute normalerweise dick verpackt auf der Terrasse irgendeiner Skihütte saßen und auf den Hang hinaufschauten, den sie kurz vorher noch hinuntergewedelt waren? Während mich das gummibezogene Laufband den etwas weiter entfernten Ausstellungshallen entgegenbrachte, schüttelte ich wegen meiner Nachbarn grimmig den Kopf. Eine Charterclique aus dem Ruhrgebiet, die anscheinend die letzten Kilometer bis Düsseldorf ebenso im Stau gestanden hatte wie alle anderen Messebesucher, beschwerte sich in diesem Augenblick lautstark über die unmöglichen Fahrbahnverhältnisse auf der Autobahn. Sie waren zu sechst. Drei Paare, wobei sofort feststand, wer von den männlichen und weiblichen Parts das Sagen zu haben schien.
Ein etwa fünfundvierzigjähriger Mann hielt besitzstandswahrend ein bestimmt zwanzig Jahre jüngeres Fotomodell im Arm. Süß sahen die beiden aus. Wie Vater und Tochter. Währenddessen dozierte er wortgewaltig über die neuesten Innovationen auf dem

Bootsmarkt. Daß heißt, er betete bloß die Meinung vieler namhafter und namenloser Wassersportredakteure herunter, die kurz vor den jeweiligen Ausstellungen noch schnell im Auftrag der Hersteller die potentielle Kundschaft mit Fachartikeln heiß machen müssen. Business as usual! Sonnenbankbraun, mit blau eingefärbter Sonnenbrille von Carrera und mit geföhntem Haarschopf verkörperte er genau den Typ Skipper, der ich immer gerne sein wollte. Wissen Sie, so ein Typ wie Doktor Frank („Der Arzt, den die Frauen verhauen", oder so ähnlich). Ich hätte auch gerne mit einem Cover-Girl der „Neuen Revue" im Arm vor meiner Crew angeben und eine Taucher-Rolex am Handgelenk im Licht der Deckenbeleuchtung aufblitzen lassen wollen, aber bei meinem schmalen Geldbeutel hatte es bisher immer nur zu einer 30-Mark-Casio aus dem Supermarkt gereicht. Was die Damen angeht, schweigen wir lieber! Und im übrigen bin ich diesbezüglich sowieso nicht neidisch, müssen Sie wissen. Schon gar nicht auf das oberweitenstarke Claudia-Schiffer-Imitat an der Seite meines Nachbarn, die wie die übrige Zuhörerschaft ehrfurchtsvoll an seinen Lippen hing. Nein, gar nicht. Knirsch. Knirsch.

„...wißt ihr, deshalb sollten eigentlich alle Boote die Großschotführung auf dem Dach besitzen. Keine Leinen im Cockpit, kein Reitbalken, der stört. Keiner verheddert sich in den Leinen. Was will man mehr? Also, wenn ich mir so eine Schüssel kaufen würde..."

Oh Himmel! Die Welt hatte einen neuen Bruce Farr! Mister Bombastic! Ein Neunmalkluger! Anscheinend einer von der Personalbürobrigade. Jemand, der für jeden Törn auf eine Stammbesatzung von zehn, zwölf Leuten zurückgreifen darf. So ein Dummschwätzer, der noch nie eine Segelyacht alleine in den Hafen zurückbringen mußte, während seine Crew unten im Salon das lustige „Eimerchen-wechsel-dich"-Spiel trieb, wobei der gewinnt, der es schafft, sich vor versammelter Restmannschaft sogar noch die inzwischen schaumig-grün verfärbten Überreste des Mittagessens vom vor-vorherigen Tag anzuschauen. Ich habe

10

selbst schon mal probiert, ein mittelgroßes Segelboot bei kräftigem Wind mit solch einer Großschotführung alleine zu manövrieren. Bei der dabei anstehenden Halse schlug der mitsegelnde Werftbesitzer nicht nur seine Hände über dem Kopf zusammen, als er sah, welche Probleme ich mit dem Großsegel dabei bekam. „Lassen Sie mich mal", raunzte er mich damals großspurig an und säbelte sich kurz darauf in einer Bö den Großbaum ganz sauber in Höhe des Lümmelbeschlages ab. Genau in dem Moment, als er versuchte, mit der Fallwinsch auf dem Kajütdach die Großschot dichtzukurbeln und dabei die Pinne des hochnervösen Cruiser-Racers loslassen mußte. Wer besitzt schließlich schon eine Armspannweite von viereinhalb Metern. Naja, Ende vom Lied war, daß sich nicht nur der Baum vom Mast verabschiedete, sondern dabei auch gleich das komplette Unterliek des Großsegels mitnahm. Ich rechnete kurz durch. Ja, viertausend Mark waren da bestimmt auf der Strecke geblieben. Ganz zu schweigen von der Einbuße an Überheblichkeit. Seitdem findet man die Großschotführung bei diesem Schiffstyp übrigens wieder brav auf dem Brückendeck vor. Und da redete dieser Schwachkopf von Schotführung auf dem Kajütdach!

„Hast du in der letzten Yachtzeitschrift den Artikel über neue Fünfunddreißiger gelesen?" eiferte sich einer aus der Clique. Fünf Augenpaare richteten sich neugierig auf ihn. „Acht Kojen! Ein Wahnsinn!"

Der bisherige Wortführer nickte heftig. Es schien ihm anscheinend überhaupt nicht zu passen, daß einer seiner Dienstgrade einen guten Diskussionsbeitrag geliefert hatte.

„In der Tat", pflichtete er bei. „Zwei Achterkajüten, Vorschiffskabine und doppelte Schlafmöglichkeit im Salon. Stellt euch vor, wir könnten noch zwei Leute mehr mitnehmen. Dann kosten zwei Wochen Urlaub für jeden nur noch etwa tausend Mark."

Und den Rest des Nervenkostüms, grinste ich in mich hinein. Irre! Acht Mann auf einem Zehnmeterfünfzigboot. Das gibt Mord und Totschlag! „Appolonia" läßt grüßen! Mir wäre das vor ein paar Jahren beinahe mit nur vier Leuten auf einem Zehn meterboot passiert. Auf einer Fläche einer etwas größeren Besenkammer kann doch keiner mehr dem anderen aus dem Weg gehen. Ach, was soll's. Sollen die sechs bzw. acht Peoples ruhig machen. Die werden schon sehen, was sie davon haben.

„Hanoi!" rief eine Stimme neben mir. Sie schien einem Waldläufer zu gehören, der trotz seines weiten, dunkelgrünen Lodenmantels und den an den Hacken mit Laufeisen beschlagenen Wanderschuhen mühelos mit dem Laufband Schritt hielt. Dabei allerdings klapperten die Eisen wie die Absätze eines verrückt gewordenen Stepptänzers. Ich mußte zweimal hinschauen, ehe ich Waldemar Schupfschnabl unter dem breitkrempigen Trachtenhut mit Gamsbart erkannte. Der hagere Einsneunzig-Schwabe, dessen bürobleiches Gesicht jedem Dracula-Darsteller alle Ehre gemacht hätte, grinste breit, während er seinen Filz übertrieben jovial lupfte. Bei jedem Schritt klaffte sein Mantel auseinander und gewährte dadurch den Blick auf das, was der Schwabe sonst noch trug. Ich hielt unwillkürlich die Luft an. Also ehrlich! Im Trachtenanzug mit Bundfaltenhosen und Wildlederwanderschuhen auf eine Bootsausstellung gehen! Jetzt hätten nur noch Rucksack und Steigeisen gefehlt, und er wäre überall mit „Berg Heil!" begrüßt worden. Sowas konnte auch wirklich nur Waldemar einfallen.

„Na, du Landratte", grinste ich ihm zu.

Im gleichen Moment nahm der Wortführer der Charterclique meinen ehemaligen Bordgast ebenfalls wahr. Der Sonnenbrillenträger riß ungläubig die Augen auf und starrte Waldemar einen kurzen Augenblick lang fassungslos an. Schließlich atmete er tief durch und brach einen Augenblick später in schallendes Gelächter aus.

„He, Gevatter!" schnarrte er. „Die ‚Jagd und Hund' findet erst in zwei Wochen statt. Das ist hier eine Bootsausstellung, Herr Kollege", fügte er hinzu.

Waldemar stapfte in seinen schweren Wanderschuhen laut klackernd neben dem rasch dahinzischenden Laufband her.

„Das weiß ich wohl, guter Mann", antwortete er auf die Bemerkung. „Ob Sie in den Hallen 13, 14 und 15 allerdings das Castingbüro für Dressmen finden werden, wage ich zu bezweifeln. Dort halten sich nämlich gewöhnlich nur Fachleute auf. Segelfachleute. Wenn Sie wissen, was ich damit meine."

„Touché!" entfuhr es mir, woraufhin mich das Claudia-Schiffer-Plagiat wütend anfunkelte.

„Hör mal, du Witzfigur", fauchte der Carreraträger zurück, weil er urplötzlich seine Souveränität als Bord-Ajatollah gefährdet sah. „Wenn du glaubst, du kannst hier..."

Das Ende des Laufbandes rettete die Situation. Ich steppte rasch zur Seite, packte meinen Bekannten am Ärmel seines übermäßig weiten Lodenmantels und zog ihn in die Cafeteria. Die sechs Leute wurden vom Besucherstrom in die Halle 15 mitgerissen.

„Du hast von Mutter Theresa einiges dazugelernt, alter Junge. Alle Achtung! Aber mußt du immer streiten?" Während wir vor zwei Gedecken mit Kaffee und Cognac hockten, grinste ich ihn auffordernd an.

„Ich habe nicht angefangen", entrüstete sich der Schwabe. „So eine Frechheit. Was habe ich eigentlich mit der ‚Jagd und Hund' zu tun? Was ist das überhaupt?"

Ich warf einen anzüglichen Blick auf sein ziemlich ländlich-sittliches Outfit. „Das ist die derzeit größte Jagd- und Anglermesse in Deutschland. Sie findet in der Dortmunder Westfalenhalle statt. Also, wenn du jetzt noch Murkel an der Leine und eine Doppelflinte geschultert hättest, dann könnte man dich wirklich glatt mit einem Hubertusjünger verwechseln."

„Ach was", murmelte Schupfschnabl nach einer Weile. „Was heißt hier überhaupt verwechseln? Und wenn schon. Warum sollte ich als Segler eigentlich keinen Jagdschein besitzen?"

„Hast du?" fragte ich jetzt verblüfft.

„Wer weiß", schmunzelte er. „Einen Angelschein jedoch auf jeden Fall. Weißt du, bevor ich voriges Jahr wegen meiner Bekanntschaft mit Clothilde zu den Kanuten kam..."

Ich erinnerte mich. Im letzten Frühsommer lernte ich Waldemar Schupfschnabl anläßlich meines letzten Törns mit meinem treuen

Boot *Solveig* kennen und schätzen. Das Vergnügen war im ersten Moment nicht so ganz auf beiden Seiten, denn bei einer Abschleppaktion verlor Waldemar nicht nur sein Kanu, sondern fiel auch noch in das im Frühjahr nicht sonderlich warme Wasser des holländischen Haringvliet. Kurz darauf gesellte sich die theologisch vorgebildete Surferin und anerkannte Feminist-Extremistin Theresa Schmitz zu uns. Sie hatte unterwegs das komplette Rigg ihres Surfgeräts verloren und erwartete von mir so eine Art nautisches Asyl. Langer Rede kurzer Sinn: Waldemar mußte erst einmal bis Texel bei mir an Bord bleiben, weil er sich beim Warten auf seinen Zug zurück ins schöne Schwabenländle in einem Den Haager Rotlichthotel schuldlos, aber dafür auch restlos finanziell verausgabt hatte. Er erhoffte sich auf Texel eine Geldüberweisung seines Bekannten, die jedoch nicht eintraf. So blieb er also weiterhin an Bord. Zwischendurch fand in Theresas Intimleben eine kleine Veränderung statt (sie knallte ihrem in Punkto Treue etwas leichtfüßigen Urlaubsbegleiter nicht nur Argumente um die Ohren), woraufhin wir auf *Solveig* zunächst zu dritt durch das Wattenmeer weiter segelten. Wenig später stieß irgendwann noch ein Vierbeiner namens Murkel zu unserem Trio. So erreichten wir schließlich das Lauwersmeer, das eigentliche Ziel meiner Reise.

„Sag mal", riß mich Waldemar Schupfschnabl aus meinen Gedanken. „Was ist? Gehen wir nun Boote anschauen, oder was?"

Ich warf nochmals einen Blick auf den Gebirgsseemann und nickte ergeben. Na, das sollte was werden!

„Mein Herr!" zischte der Mann auf dem Stand eines bekannten schwedischen Serienbootherstellers halblaut aber energisch. „Also, bitte! Sie sollten sich schon diese Schluffen hier über ihre, äh, Schuhe, streifen, nicht wahr? Sie wollen doch nicht allen Ernstes mit genagelten Wanderstiefeln auf unseren Decks herumlaufen."

„Ach, hält das ihr Teakdeck etwa nicht aus?" funkelte der Schwabe zurück. „Von der Holzverarbeitung auf einem schwedischen Schiff hätte ich mir schon ein wenig mehr Haltbarkeit versprochen."

„Machen Sie sich nichts daraus", beschwichtigte ich den Mann vom Verkaufspersonal, während Waldemar widerwillig in die Überschuhe schlüpfte, wobei er ein Paar komplett aufschlitzte und somit unbrauchbar machte.

„Sie wissen doch, wie exzentrisch Millionäre sind. Immer müssen sie das letzte Wort behalten."

„Millionär?" hakte der Mann nach, wobei sich sein Gesicht offensichtlich nicht entscheiden konnte, ob es mißtrauisch, überrascht oder hocherfreut blicken sollte.

„Ja, leider", beschwichtigte ich und klopfte ihm betont jovial auf die Schultern. „Großgrundbesitz. Uralter schwäbischer Adel. Sie wissen schon. Seitenlinie der Turn und Taxi..."

„Thurn und Taxis?" unterbrach mich der Verkaufsmensch. Seine Augen wurden zu Dollarzeichen, die rasend schnell wie bei einem Spielautomaten zu rotieren begannen.

Ich legte den Finger an die gespitzten Lippen. „Das haben Sie gesagt", entgegnete ich nur.

„Was ist mit Thurn und Taxis?" fragte mich Waldemar, während ich ihn auffing, weil er wegen der Schluffen an den Wanderstiefeln zum wiederholten Mal auf dem spiegelglatten Deck ausrutschte.

„Ach nix", beschwichtigte ich und zog ihn hinab in die Kajüte. „Ich glaube, einer der Leute vom Verkaufspersonal hat dich mit irgend jemandem aus dem Hochadel verwechselt."

„Mich?" fragte Waldemar verblüfft und zog die Treppe vom Niedergang fort, um einen Blick auf die dahinter verborgene Einbaumaschine zu werfen. Waldemar Schupfschnabl arbeitete zwar als Angestellter in der Verwaltung, war meiner Einschätzung nach jedoch der beste Smut und der geschickteste Motorenmechaniker zwischen Bodensee und Flensburger Förde. Jedenfalls hatte er im letzten Jahr in Hellevoetsluis den Außenborder meines kleinen Küstenkreuzers in Nullkommanichts repariert und unter anderem für mein leibliches Wohl gesorgt.

Waldemar interessierte an einem Boot weniger die Segeleigenschaften, sondern vornehmlich, wie bequem oder unbequem man an die Peripherieteile einer Dieselmaschine herankam. Vermutlich hatte er lange Jahre seiner Kindheit in einem MoToreninstandsetzungsbetrieb verbracht.

Ich erinnerte mich weiter. Im vergangenen Jahr verbrachten Waldemar, Theresa, Murkel und ich den Rest unseres Urlaubs auf Bert Heinrichs Charteryacht. Während eines Ausbildungstörns hatte er sich nämlich gesundheitlich übernommen. Ich sprang auf Bitten seiner Frau Lieselotte ein und brachte die Yacht mitsamt der Ausbildungscrew und meiner eigenen zwei- und vierbeinigen Restcrew nach Südholland zurück. Auch auf diesem Törn erwies sich Waldemar als spitzenmäßiger Maschinist. Ich hatte nichts dagegen. Waldemar konnte mit Ölkännchen und Schraubenzieher ohnehin viel besser umgehen als ich. Allerdings konnte er mit seinem schwäbischen Perfektionismus jeden Verkaufschef und jeden Werftmechaniker zum Wahnsinn treiben.

Waldemar hatte die Treppe am Niedergang gerade abgeschraubt, als jemand vom Verkaufspersonal nach unten krabbelte. Alles ging so schnell, daß ich nicht mehr einschreiten konnte. Beim Herabsteigen suchten ein Paar Bootsschuhe die nächste Stufe, traten in Ermangelung der Treppe jedoch ins Leere, und der Schwede landete genauso erstaunt wie Waldemar auf dessen Schoß. Beide wußten im ersten Augenblick nicht, was sie voneinander halten sollten.

„Oh, sssie haben ssson hinter das Treppe gessssaut?" lispelte der Mann aus dem Norden. Wie jeder Skandinavier tat er sich schwer, ein „Sch" auszusprechen.

„Hä?" meinte Waldemar.

„Ob du dir schon den Motor angesehen hast", übersetzte ich in Klartext.

„Oh, ja", nickte Waldemar eifrig und warf einen bitterbösen Blick auf das dunkelgrüne Heizöltriebwerk.

„Einen schönen Mist haben Sie da fabriziert, guter Mann", dozierte der Schwabe. Er warf einen übertrieben forschenden Blick auf

das Plastikkärtchen an dessen Jackenaufschlag. „Salesmanager" stand dort in Druckschrift. Gleichzeitig blickte mich der Schwede fassungslos an. Deutsch ist für Ausländer ohnehin schon eine schwere Sprache, aber Schwäbisch versteht noch nicht einmal jeder Deutsche nördlich der A 8. Also dolmetschte ich weiter. Ich wußte eh, was jetzt folgte. Es war mit Waldemar auch immer dasselbe. „Wie meinen?" erkundigte sich der Verkaufsdirektor.

„Na, zum Beispiel Ölfilter, Kraftstoffilter und Pumpe."

„Ja, und was ist damit?" bemühte sich unser Gesprächspartner um Fassung.

„Na, was wohl", begehrte Waldemar auf. „Gehören dressierte Frettchen etwa zum Lieferumfang für dieses Boot? Die haben Sie nämlich nötig, wenn man an die diversen Filter und die Pumpe herankommen will."

„Aber ich bitte Sie", antwortete der Schwede gnädig. „Das ist doch alles kein Problem. Dafür braucht man doch kein... Wie sagten Sie doch gleich?"

„Frettchen", nickte Waldemar heftig. „Eine Marderart. Leicht zähmbar. Kommt in Nord- und Mitteleuropa vor. Nun, guter Mann, dann schrauben Sie mir doch einmal nur so zur Anschauung den Ölfilter heraus. Bin gespannt, wie Sie überhaupt drankommen."

Der Verkaufsmensch krempelte sich die Anzugjacke hoch und griff zwischen Seitenwand und Motorblock ins Leere. Waldemar hockte inzwischen interessiert in der Achterkajüte und verfolgte die Bemühungen des Mannes mit gewissem Gleichmut. Als dieser seinen Arm wieder zurückzog, wobei Dreckspuren auf dem ehemals blütenweißen Hemd zurückblieben, verlor er die Geduld.

„Meine Mechaniker haben damit jedenfalls keine Probleme", meinte er lautstark, weil wir inzwischen von weiteren neugierigen und nicht minder wißbegierigen Bootsbesichtigern umzingelt waren.

„Ach, nee", knurrte Waldemar. „Soll ich etwa jedesmal ein Mechanikerteam auf einen Törn mitnehmen?"

„Wozu denn das?" fragte der Geschäftsmann. „Stecken Sie etwa dauernd ihre Nase in den Motorraum? Ich denke, Sie wollen segeln, oder nicht?"

„Ach, und da muß man nicht einmal nach dem Motor sehen?" konterte Schupfschnabl.

„Während eines Törns?" fragte der „Salesmanager" verblüfft.

„Ja, stellen Sie sich einmal vor, guter Mann", fuhr Waldemar ungehalten fort. „Wir segeln nämlich ein bißchen weiter als über eure popelige Ostsee. „Wenn ich mit einem solchen Boot sicherheitshalber nur immer im Abstand von hundert Metern um ihre Werft herumsegeln darf, dann allerdings..."

„Ist doch wahr", murmelte Waldemar, als ich ihn einen kurzen Augenblick später und widerstrebend vom Stand des schwedischen Bootsbauers fortschob.

„Warum bist du auf Streit aus, Schupfschnabl?" fragte ich ihn. „Du mußt die Schüssel doch nicht kaufen."

„Wenn so Leute wie ich nicht wären, dann könnten sich diese Dummschwätzer ja anscheinend alles erlauben", konterte Waldemar zurück. „Ich habe stets den Wagen meines Vaters vor Augen. Ein Citroen. Bei dem mußte man, wer weiß was, am Motor abmontieren, wenn man an die hinterste Zündkerze herankommen wollte. Alle darüber hinausgehenden Wartungsarbeiten kamen vom Aufwand her einer Operation am offenen Herzen gleich."

Ich klopfte ihm besänftigend auf die Schultern und schob ihn weiter. Es war schon ein Kreuz mit Waldemar. Vor einem knappen Dreivierteljahr wußte er noch nicht, was Lee und Luv, Backbord und Steuerbord überhaupt bedeuteten, und heute versuchte er bereits, Leuten wie Judel und Vrolijk ins Handwerk zu pfuschen. Plötzlich verharrte Waldemar im Schritt. Er schaute nach oben, weil er seinen Augen nicht traute. Vor ihm stand in einem gewaltigen Metallgestell ein zweiundzwanzig Meter langer Rumpf. Vom Erdboden aus ließen sich hochdroben die Aufbauten der Yacht allenfalls erahnen. Jedenfalls konnten wir nur den Maststummel und ein angedeutetes Segel erkennen.

„Meiner Treu! Welch ein Gerät! Was um alles in der Welt ist das?"

Ich lachte. „Eine Jongert. Auf der Bootsausstellung zeigt Herbert Dahm immer das größte Boot. Das hat beinahe schon Tradition."

„Wollen wir sie nicht besichtigen?" fragte Waldemar und zappelte von einem Bein auf das andere.

Ich winkte ab. „Nee, mein Freund. Vor ein paar Jahren bin ich häufig auf dem Jongert-Stand gewesen, aber heute habe ich keine Lust mehr, mir die Zähne lang machen zu lassen. Was soll ich mir ein Boot ansehen, das ich mir noch nicht einmal mit einem Volltreffer im Lotto leisten könnte? Aber wenn du willst, schau sie dir ruhig an. Ein Erlebnis ist es allemal. Das kann ich dir versprechen."

Wir verabredeten uns in der Touristik-Halle und trennten uns. Doch noch bevor ich die nächste Halle erreichte, zupfte mich auch schon jemand von hinten am Ärmel. Es war Waldemar. Erstaunt schaute ich ihn an. Der Schwabe hatte einen hochroten Kopf.

„Du glaubst es nicht!" schimpfte er los. „Von wegen Bootsbesichtigung. Heute abend kurz vor sechs Uhr hätten sie noch einen Termin für einen kurzen Rundgang frei. Ja, was denken die denn, wer sie sind."

Ich lachte. „Ja, glaubst du etwa, daß die auf einer Achtmillionenyacht Hinz und Kunz frei herumlaufen lassen? Das Ding ist so riesig, daß du dich ohne Führung bei der Anzahl der Kajüten unter Deck glatt verlaufen kannst. Nein, ernsthaft. Die haben natürlich Angst, daß der eine oder andere irgendwo herumschraubt. Zudem sind die Boote längst verkauft. Man trägt eine gewisse Verantwortung gegenüber dem neuen Besitzer. Deshalb die organisierten Führungen. Und was denkst du, was auf solchen Nobelschüsseln alles geklaut würde."

Waldemar wollte sich jedoch nicht überzeugen lassen. „Da bezahlt man beinahe zwanzig Mark Eintritt, und dann kann man sich die wirklich interessanten Exponate nicht einmal anschauen? Ja, wo bin ich denn hier?"

„Waldemar, Waldemar", rügte ich ihn. „Der Eintrittspreis berechtigt dich allenfalls, hier die Hallenluft zu schnuppern. Zu sonst aber auch gar nichts."

„Elitärer Haufen!" schimpfte der Schwabe weiter.

„Sag ich doch!" bestätigte ich. „Komm, laß uns zu den Heinrichs gehen. Ich habe Lust auf einen Cognac. Du kannst auch einen gebrauchen, alter Freund."

Wir schlenderten zurück zum Messezentrum und glitten kurze Zeit später mit Hilfe des Transportbandes durch die Glasröhre in Richtung Südeingang. In den Hallen außerhalb der Schwerpunktbereiche Ausrüstung und Bootsverkauf ging es wesentlich ruhiger zu. Hier brummte das Geschäft lange nicht so. Man merkte, daß die Rezession zur Zeit gnadenlos zuschlug. Bert und Lieselotte Heinrichs hatten einen Standplatz in der Nähe des Holland-Zentrums ergattert. Zwar winzig, lag er aber dafür im Epizentrum der Begehrlichkeiten. Erst ließen sich die Besucher auf den Ständen der einzelnen niederländischen Provinzen und Ortschaften richtig heiß machen, um dann ein paar Schritte weiter und somit immer noch in der ersten Euphorie bei den Heinrichs ein Boot für den kommenden Urlaub chartern zu können. Bert unterhielt zwei Stationen. Eine in Noordschans am Hollands Diep und eine in Lemmer am IJsselmeer. Als Newcomer in dieser Branche verfügte er seit einigen Monaten durch geschickte Zukäufe über eine recht stattliche Flotte. Seine Idee war es, keine nagelneuen, sondern gepflegte ältere Boote und dafür zu einem reellen Preis anzubieten. So wie ich die Menschenmenge an seinem Stand einschätzte, schien seine Rechnung tatsächlich aufzugehen.

„...wären das für drei Wochen Anfang Juni auf einer Sun Dream 28 alles inklusive ab Lemmer genau dreitausend Mark. Bedenken Sie, daß ich ihnen einen Mehrbucherrabatt einräume, wenn Sie meinem Unternehmen treu bleiben. Sollten Sie beispielsweise im September für einen Spätsommertrip buchen wollen, kostet Sie dasselbe Boot nur noch neunhundert Mark pro Woche."

Waldemar und ich schummelten uns langsam an der Menschentraube vorbei.

„Ist die Sun Shine auch wirklich gepflegt?" warf ein anderer Kunde zwischendurch ein und deutete auf eine Prospektabbildung. Bert Heinrichs schmunzelte.

„Das kann ihnen der Skipper dort am besten erklären. Guten Tag, Herr Paul! Kommen Sie doch rasch vor und erklären Sie dem Herrn hier, wie Sie mit der *Tessa* zufrieden waren. Herr Paul hat das Boot im Frühsommer allein von Nordholland zurück zum Stützpunkt überführt."

„Allein?" runzelte Waldemar die Stirn. „Hanoi! Haben wir uns etwa alle in Luft aufgelöst? Wir waren doch wohl zu sechst, wenn ich mich nicht irre."

„Ja", knurrte ich. „Fünf Landratten und ein Zirkusdompteur."

„Sehr charmant", ertönte neben mir eine schnorchelde Stimme. Ich brauchte gar nicht hinzusehen, um zu wissen, wem der rheinische Singsang zuzuordnen war.

„Ah, Mutter Theresa", begrüßte ich Thea Schmitz, unsere theologisch vorgebildete Bordemanze. Auch sie zählte im vergangenen Frühjahr an Bord von *Solveig* und *Tessa* zur Stammbesatzung. Da sie katholische Theologie studierte und später einmal im afrikanischen Busch kleinen Negerkindern die Flötentöne beibringen wollte, nannte sie jeder nur bei ihrem Spitznamen. Zudem war sie eine Suffragette, wie sie im Buche stand. Machoistischen Chauvies stemmte sie am liebsten die geladene Seenotsignalpistole Kaliber 4 in die Seite.

„Murkel!" rief ich erfreut und nahm den an der Leine zappelnden Terriermischling, in dessen Stammbaum sich auch einmal ein Dackel und ein Jack Russel verewigt haben mußten, hoch. Murkel leckte mir die Wange.

„Was ist denn nun mit der Sun Shine?" hakte der Kunde nach, dem anscheinend nach Wiedersehensfreude nicht der Sinn stand.

„Was soll mit ihr sein?" knurrte Thea und musterte den Mann mit einem offenen und einem zugekniffenen Auge. „Die *Tessa* ist ein Spitzenschiff, mein Herr! Ich habe sie selbst gesegelt."

„Und das soll was heißen", setzte ich nach.

„Sie haben ein Zwölfmeterschiff gesegelt?" fragte der Kunde baßerstaunt.

„Na und?" meinte Thea und ließ ihre Finger mit den langen, dunkel lackierten Nägeln gefährlich aufschnappen. „Denken Sie, Segelboote können nur Männer segeln? Was bilden Sie sich denn ein? Glauben Sie, Segelboote seien nur für Männer konstruiert, oder was? Also, wenn ich das schon höre, dann..."

„Waldemar!" zischte ich halblaut zwischen den Zähnen, als ich wahrnahm, daß bei diesem verbalen Ausbruch nicht nur dieser Kunde verschreckt die Augen aufriß. Waldemar begriff und entfernte eine sichtlich widerstrebende Theologiestudentin aus der vordersten Schußlinie. Emanzipation hin oder her, aber bei Geschäftsverhandlungen war sie fehl am Platze.

„Ein tolles Boot", wandte ich mich erneut an den Kunden, schlüpfte hinter den Tresen und nahm dem sichtlich aufatmenden Bert Heinrichs das Faltprospekt aus der Hand. „Aber bedenken Sie, es handelt sich um eine reinrassige Achtunddreißiger. Also keine dieser aufgemotzten Elfmeterschiffe, die nur auf Grund der hinten angehängten Badeplattform zur Zwölfmeteryacht wurden. Ich hörte, Sie wollen mit dem Boot nach Südengland? Schöner Törn! Gestatten Sie mir aber deshalb die Frage, welche Erfahrungen Sie im Hinblick auf Revier und Schiffsgröße mitbringen."

„Ich besitze alle Segelscheine für Küstenfahrt", antwortete der Mann mit stolz gewölbter Brust.

Die Antwort wirkte auf mich wie ein Adrenalinschub. Meine Augen wurden zu Schlitzen, meine Blutgefäße verengten sich, mein Herzschlag setzte eine Sekunde lang aus, wogegen mein Blutdruck auf zweihundert zu hundertsechzig in die Höhe kletterte. Segelscheine! Segelberechtigungsscheine! Wenn es etwas gab, das auf mich genauso effektiv wirkte wie ein feuerrotes Tuch auf einen katalanischen Kampfstier, dann waren es Segelscheine. Jeder, der mich kennt, weiß, was ich von Segelberechtigungsscheinen halte. Besonders dann, wenn sie noch halbe Landratten dazu berechtigen sollen, Zehntonnenschiffe über Fahrtreviere zu manövrieren, über die man in den Lehrgangskursen der Segeldachverbände anscheinend noch nie etwas gehört haben wollte. Kein Wunder, angesichts eines Tidenhubs von bis zu 13 Metern und Strömungsgeschwindigkeiten, die zeitweise an die Vortriebskraft eines Wasserskibootes heranreichen. Und ferner kein Wunder angesichts der Tatsache, daß die meisten der elitären Klubs und Dachverbände ihren Sitz entweder irgendwo in den Fjorden an der deutschen Ostseeküste oder an einem hanseatischen Flußunterlauf unterhalten.

„Pardon", entgegnete ich und bemühte mich, meine Stimme möglichst ausdruckslos wirken zu lassen. „Ich sprach von konkreten Erfahrungen, nicht von irgendeinem Papierwisch."

„Meine Güte", stieß der Mann aus. „Was verlangen Sie denn noch? Sind ihnen die tausend Seemeilen, die man für die Erlangung des Küstenscheines braucht, nicht genug?"

„Mit wieviel Mann Personal waren Sie auf dem Ausbildungsschiff?" hakte ich erbarmungslos nach.

„Wir waren zu acht, warum?" fragte er ahnungslos.

„Ah, zu acht", entgegnete ich und versuchte meinen beißenden Hohn in der Stimme gar nicht mehr zu verbergen.

„Wieviel Stunden haben Sie die Ausbildungsyacht denn eigenverantwortlich geführt?"

„Hören Sie", antwortete er. „Das weiß ich wirklich nicht mehr. „Ein bis zwei Stunden pro Tag vielleicht. Wir waren zu acht, wie ich schon sagte. Wir mußten uns abwechseln."

„Wie viele Seemeilen sind Sie denn seit der Prüfung mit ähnlich großen Booten wie der *Tessa* gesegelt. Natürlich ebenfalls als verantwortlicher Skipper?"

„Als Skipper?" fragte der Mann verwundert. Er tappte sauber in die aufgestellte Falle. Bert Heinrichs stieß hinter mir geräuschvoll die Luft aus.

„Ja, natürlich als Skipper", antwortete ich. „Und nicht etwa als Deckshand. Nein, als Käpt'n! Als Next to God! Als alleiniger Verantwortlicher!"

Der Mann wurde bleich. Er merkte, daß die Umstehenden ihn neugierig musterten. Alle Blicke blieben auf ihm hängen.

„Ich besitze Chartererfahrung", begehrte er grimmig auf und fügte hinzu: „Ein Siebenundzwanzigfußboot. Auf dem Mittelmeer."

Ich lachte hell auf. „Auf dem Mittelmeer! Auf diesem Ententeich! Auf dieser Badepfütze! Wahrscheinlich auch noch an der Côte d'Azur, was?"

Der Mann nickte konsterniert. „Ja. Und, was ist da so Schlimmes daran?"

„Das will ich ihnen sagen", antwortete ich wesentlich ruhiger, weil Bert Heinrichs harter Knuff in die Seite weh tat. „Ein Achtunddreißigfüßer auf der südwestlichen Nordsee und im Ärmelkanal verlangt einem eine gänzlich andere Seemannschaft ab, als ein Badebötchen auf dem Mittelmeer. Was halten Sie von einem Einweisungstörn? Herr Heinrichs, der Inhaber der Firma, plant demnächst Skipperkurse auf der Nordsee. Zum Eingewöhnen."

Der Mann drehte sich wortlos um und tauchte in der Menge unter. Bert schob mich kurz beiseite.

„Sind Sie des Wahnsinns?" herrschte er mich an. „Wollen Sie mir die Kunden vergraulen?"

Ich lachte und zupfte mir ein Kaugummi aus meiner Reverstasche. „Bert, alter Junge! Ich habe Ihnen soeben ihre *Tessa* gerettet. Wollten Sie diesem Grünschnabel allen Ernstes ihr Flaggschiff verchartern? Die Sun Shine hätten Sie vermutlich nur noch in Einzelteilen zurückbekommen. Der Bursche hatte doch keine Ahnung! Ich kenne diese Scheinheiligen. Große Klappe, nichts dahinter. Segelschein auf irgendeinem Baggersee gemacht und die Nordsee, geschweige denn den Ärmelkanal mit dem Boot noch nie auch nur aus der Ferne gesehen! Tut mir leid, wenn ich Ihnen einen Kunden vergrault habe, aber dafür wird die *Tessa* im Herbst bestimmt noch auf ihrem eigenen Kiel schwimmen."

„Meinen Sie wirklich?" stieß er schwer atmend aus.

„Ja, das meine ich wirklich."

„Hallo! Sie, da! Können Sie mir mal helfen? Also, ich hätte da eine Frage..."

Das Alltagsgeschäft holte Bert Heinrichs wieder ein. Ich verschwand hinter der Trennwand und stieß auf seine Frau Lieselotte sowie auf den Schwaben und die emanzipatorische Religionsstudentin aus Köln.

„Und, wie läuft's Geschäft?" fragte ich Lieselotte Heinrichs nach dem dritten Cognac. Ich schaute zu Mutter Theresa hinüber. Sie glühte bereits. Seit unserem Ausflug nach Vlieland, wo sie in einem Fischlokal gnadenlos versackte, war ich vorsichtig, wenn sie versuchte, sich Hochprozentigem hinzugeben. Thea vertrug nicht sehr viel. Waldemar nickte beruhigend. Er deutete auf die Flasche und stellte sie vorsichtshalber beiseite.

„Nicht schlecht, Peter", antwortete sie. Seit dem Vorfall im Hafen von Lauwersoog waren wir beinahe schon so etwas wie Geschäftspartner. Ich hatte ihnen *Tessa* nach Südholland zurückgebracht und im Sommer eine ihrer Neuanschaffungen nach Noordschans überführt. Langsam gewann ich den Eindruck, als gehörte ich zum Team.

„Die Vercharterei kam besser in Fahrt, als wir jemals gedacht hatten. Für dieses Jahr haben wir bereits eine Auslastung von sechzig Prozent. Ich denke, daß unsere Idee mit der preisgünstigen Vercharterung älterer, aber gepflegter Yachten zu einem vernünftigen Preis Liebhaber findet."

„Na, dann ist's ja gut", murmelte ich.

„Nichts ist gut", lachte Lieselotte und suchte vergeblich die Flasche Cognac, auf deren Inhalt inzwischen auch die bereits ziemlich ehrwürdige Mutter Theresa reflektierte.

„Wissen Sie, was momentan der Renner ist? Ausbildungs- und Skippertörns mit großen, gut gewarteten Schiffen. Vornehmlich in Revieren mit Gezeiteneinfluß und Starkwind. Wir haben schon Anfragen aus dem Rheinland und dem Ruhrgebiet. Aber auch aus den neuen Bundesländern und aus Schleswig Holstein kommen laufend Faxschreiben. Kein Wunder! Ostsee und IJsselmeer sind dicht! Da bekommt man während der Urlaubszeit ja kaum noch einen freien Liegeplatz. Frankreich und England. Das sind die Urlaubsreviere der Zukunft! Aber die Leute beherrschen die spezielle Seemannschaft nicht. Kein Wunder bei teilweise über zehn Meter Gezeitenhub. Und Charterunternehmen, die gleichzeitig Skipper- oder Ausbildungstörns in diesen Gegenden organisieren, sind rar."

Ich schwieg vorsichtshalber und dachte an meine kleine *Solveig*, die immer noch im Hafen von Lauwersoog im Wasser lag und ein ziemlich unbefriedigtes Dasein fristete. Nachdem ich mit meinem kleinen Küstenkreuzer samt Waldemar, Thea und Murkel die Küste der Provinz Groningen erreicht hatte, schienen wir plötzlich allesamt mit dem Schicksal der Heinrichs verbunden zu sein. Bert Heinrichs hatte während seines Ausbildungstörns einen leichten Herzinfarkt erlitten, und Lieselotte bat mich, die große Yacht samt Ausbildungscrew sicher zurück nach Südholland zu bringen. Schließlich überführte ich für die beiden Geschäftsleute eines der neu angeschafften Boote quer über den Ärmelkanal zum IJsselmeer. Immer wieder schob ich es hinaus, *Solveig* zurückzusegeln. Schließlich zog der Herbst ins Land, und mein kleiner Küstenkreuzer lag immer noch in Lauwersoog.

„Das meine ich aber auch", mischte sich urplötzlich Thea ein. „Mittelmeer! Ostsee! IJsselmeer! Kalter Kaffee! Ich möchte auch mal gerne etwas ganz Neues sehen. Im Herbst bin ich mit einer Freundin auf der Isle of Wight gewesen. Wir wollten uns unter anderem die Needles und das Südkap der Insel ansehen. Eine wunderschöne Gegend, kann ich euch sagen. Mit dem Auto kommt man an die wirklich interessanten Stellen doch gar nicht heran. Da würde ich gerne einmal hinsegeln und mir alles aus nächster Nähe ansehen. Ja, das wäre es!"

„Toll!" grunzte ich. „Mit einem Zwölfmeter-Cruiser im Slalom um die Felsen der Needles, nur damit Madame Gänseblümchen pflücken kann. Na, danke!"

„Wie recht sie hat", meldete sich Waldemar, der bislang geschwiegen hatte, zu Wort. „Also, wenn es auch noch auf die gegenüberliegende Seite ginge, also bis hinüber in die Normandie, dann wäre ich schon gerne dabei. Wie du schon sagst, beste Thea, mit dem Auto ist man arg gehandicapt. Ich wollte mir immer schon einmal die berühmten Bunkeranlagen aus dem Zweiten Weltkrieg ansehen. Und dann erst die Buchten! Mit dem Boot schlüpft man überall hinein. Von Land aus sieht man wegen der hohen Kliffs alles immer nur aus der Vogelperspektive. Ich habe da im Kabelfernsehen einen Bericht gesehen. Also, ich kann euch sagen...", schwärmte er.

Ach je, stöhnte ich innerlich auf. Und keiner denkt an den gewaltigen Tidenhub. Oder an den stets vorherrschenden, frischen Westwind, der, wenn er gegen die Tide steht, eine Passage zwischen den Felsen zum Höllentrip werden lassen kann. Und gar nicht zu denken an die schmierigen, verschlammten Liegeplätze in den trockenfallenden Schlickhäfen. Landratten sehen doch immer bloß die Postkartenidylle. Möglichst auch noch bei eitel Sonnenschein. Na, Thea und Waldemar werden sich wundern. Waidmannsheil kann man da nur sagen.

„Tja, und schließlich hat Bert im November bei einem Makler in Südengland quasi noch auf dem letzten Drücker eine ziemlich große, supergepflegte Yacht erstanden. Uns fehlt nur noch eine Crew, die das Boot von Hamble zum IJsselmeer bringt. Das sollten natürlich Spezialisten mit Nordsee-Erfahrung sein. Keine solche unterbelichteten Quiddjes, wie sie sich in den Fachzeitschriften unter der Rubrik ‚Verschiedenes‘ anbieten. Leute mit Erfahrung."

Ich senkte vorsichtshalber den Blick. Nur nicht auffallen war jetzt die Devise.

„Also, solche Leute wie Waldemar und ich", konterte Thea. Ihr Blick glänzte bereits cognacselig.

„Mit einem segel- und reviererfahrenen Skipper wie unser Peter hier", ergänzte Waldemar und streifte mich mit seinem lauernden Blick.

„So stelle ich mir das auch vor", entgegnete Bert Heinrichs, der in diesem Moment um die Ecke lugte, weil er unsere Unterhaltung wohl mitbekommen hatte.

28

Fein, dachte ich bei mir und versuchte so tief wie irgend möglich in meinem Polsterstuhl zu versinken. Nichts da! In diesem Jahr segele ich mit *Solveig* endlich hinauf in die ostfriesischen Watten. So wahr mir Gott helfe!

„Wenn ich bloß einen reviererfahrenen Mann finden könnte", fügte Bert schmunzelnd hinzu. „Einen, der mit Macmillan, Gezeitentafeln und natürlich dem Schiff umgehen kann. Eine Crew hätte ich auch schon. Da interessieren sich ein paar Skipper für einen Perfektionskurs.

„Ach je!" stieß ich unwillkürlich aus. „Eine Crew voller Besserwisser! Lauter Segelkapitäne mit A 6-Patent! Nee, danke! Der arme Kerl, der die beaufsichtigt, tut mir jetzt schon leid."

„Hören Sie auf!" lachte Bert Heinrichs. „Leuten anständige Seemannschaft zu vermitteln, wäre doch genau das Richtige für Sie!"

„Für mich?" fragte ich und stieß mir übertrieben deutlich den Zeigefinger in den Bauch. „Meinen Sie mich? Wirklich mich?"

„Ja", ertönte es seitens meiner damaligen Restcrew wie aus einem Munde.

„Wau!" meinte Murkel. Oh, Himmel!

„Nie!" wehrte ich verzweifelt ab.

Ein Besserwessi namens Schulze

Ich denke, ich zog in diesem Moment ein Gesicht, wie es der Papst gemacht hätte, erführe er von seinem Leibarzt, seine gesamte Bischofskonferenz sei HIV-positiv. Ungläubig starrte ich auf den Blasenteppich und versuchte zu vermeiden, mein Entsetzen lauthals herauszubrüllen. Um mich herum hatten sich die Reihen der Winterlagerplätze im Noordergat-Hafen von Lauwersoog schon merklich gelichtet. Dem Hafenmeister hatte ich eine Woche Karenzzeit abgerungen, um vor der beginnenden Saison an Land noch schnell das Unterwasserschiff abzukratzen und neue Bewuchsschutzfarbe aufzutragen. Gewöhnlich kein großer Aufwand, denn *Solveig* ist ein gemäßigter Langkieler von 24 Fuß Länge und mit einem Tiefgang von knapp einem Meter. Normalerweise rechnete ich für das Abkratzen des alten Antifouling einen Tag, für den Auftrag des neuen einen weiteren. Diesmal wollte ich zusätzlich das Ruderlager, das mir im vergangenen Jahr soviel Ärger bereitet hatte, komplett austauschen, die Führung des Hennegatrohres justieren und außerdem auch noch *Solveig*s Außenhaut neu lackieren. Deshalb die Woche Arbeitszeit. Und nun das. Kopfschüttelnd strich ich mit den Fingern über die pockennarbige Rumpffläche. *Solveig* hatte Osmose, das berüchtigte GFK-AIDS. So wie es aussah, bedurfte die Frühjahrsüberholung diesmal ein bißchen mehr als bloßes Pinselschwingen.
Ich schob mir ein neues Wrigleys in den Mund und begann mit wild mahlenden Kiefern zu kauen. Oh, Mist! Warum hatte ich Dussel nicht schon vor zwei Jahren einen Schutzanstrich gegen die Blasenpest aufgetragen? Dann wäre mir eine jetzt unvermeidliche und zudem auch noch kostspielige Restaurierung erspart geblieben. Aber was nun? So eine Reparatur dauerte mindestens drei Monate, wobei die befallene Gelcoatfläche des Unterwasserschiffs zunächst komplett abgeschält und das Boot anschließend abgeplant werden mußte, um es während der Trocknungszeit gegen Witterungseinflüsse zu schützen. Hinterher begann die

eigentliche Restaurierung. Das kräftezehrende Abschleifen und das nicht minder anstrengende Auftragen einer pastenartigen Epoxydmasse. Mein Orthopäde würde die Hände über dem Kopf zusammenschlagen. Umstehende, die an ihren Booten arbeiteten, kamen auf einen Sprung vorbei, klopften erst gegen *Solveig*s Rumpf und dann mir tröstend auf die Schulter. Ich war wohl heuer der Pechvogel der Saison in diesem Hafen. Womit, um alles in der Welt, hatte ich das bloß verdient?

Enttäuscht und verbittert knallte ich die Schleifmaschine, mit der ich die ersten Blasen freigelegt hatte, in den Koffer zurück und packte meine Sachen zusammen, um sie wieder im Wagen zu verstauen. Blinder Aktionismus brachte in diesem Augenblick überhaupt nichts. Es hatte keinen Zweck, auf gut Glück loszuschleifen im Vertrauen darauf, daß vielleicht noch ein Wunder geschah, das alles nicht so tragisch aussehen ließ. Das Boot mußte erst einmal austrocknen. Das schien das Wichtigste. Erst dann konnte man weitersehen.

Ich verschwand kopfschüttelnd in der Hafenkneipe, genehmigte mir einen dreistöckigen Beruhigungscognac und spülte ihn mit mehreren Kopje Koffee herunter. Ich brauchte professionelle Hilfe. Wenn es mir gelang, das Unterwasserschiff abzupeelen und ein geschütztes Plätzchen aufzutreiben, dann konnte ich vielleicht wenigstens noch im September einen kleinen Herbsttörn mit *Solveig* unternehmen. Kurz entschlossen sprang ich auf und hastete zum Hafenmeister. Doch bald darauf wuchs bereits wieder meine Ernüchterung. Kein Platz in der Halle. Die Liste der Vorreservierungen reichte bis Juni. Ich lieh mir ein Fahrrad und radelte in den Fischereihafen in der Hoffnung, vielleicht hier eine gnädige Seele zu finden, die mir in einem Lagerschuppen ein paar Quadratmeter Standfläche vermietete. Fehlanzeige. Bei dem einzigen Unterstand, der in Frage gekommen wäre, handelte es sich um eine Kühlhalle, und in der hätte es Jahre gedauert, bis *Solveig*s nasser Bauch ordentlich ausgetrocknet wäre.

Frustriert setzte ich mich in meinen Wagen und verließ den Hafen. Mann, Mann! Welch ein Huddel! Sowas passierte aber auch wirklich immer bloß mir. Ich überlegte. Eine Chance hatte ich noch. Vielleicht gelang es mir, in Uitgeest bei der Werft, die *Solveig* seinerzeit gebaut hatte, Hilfe zu bekommen. Ich brauste los, überquerte den Abschlußdeich zwischen Friesland und Nordholland ohne Rücksicht auf Radarkontrollen im Tiefflug und erreichte mein Ziel kurz vor Toresschluß. Aber der Werftchef winkte bedauernd ab. Helfen wollte man mir gerne, aber vor Ende Juni war nichts zu machen. Dasselbe wie in Lauwersoog. Dann konnte ich *Solveig* auch gleich dort stehen lassen.

Doch als ich niedergeschlagen auf einer Bank am Hafen hockte und über das Böse in der Welt nachgrübelte, kam unerwartet Hilfe. Ich starrte gerade neidisch auf eine hereindieselnde Neununddreißiger, das Flaggschiff der Compromis-Werft. Die Crew bestand aus einem älteren Ehepaar, jemandem vom Verkaufspersonal und einem vierten Mitsegler, der gedankenverloren auf dem Heckkorb kauerte und scheinbar teilnahmslos das Anlegemanöver verfolgte. Ich grinste. Ach, nee! Was trieb der denn hier?

Mein Bekannter aus alten Tagen, in denen wir zwischen Maaseik und Roermond gemeinsam auf altersschwachen Kajütbötchen die Maas unsicher machten, verabschiedete sich von dem Ehepaar und dem Verkäufer und verstaute danach seine Spiegelreflexkamera in einer Schultertasche. Aha, Gernot war bestimmt wieder einmal unterwegs, um für eine Fachzeitschrift eine Segelyacht zu testen. Oder er war von einem seiner Leser um Unterstützung und Beratung bei der Auswahl eines neuen Bootes gebeten worden. Während ich hin und wieder ein Kriminalrománchen schrieb, arbeitete Gernot als Autor für namhafte Wassersportfachbuchverlage. Ich winkte ihm zu.

„He, warum so mißgelaunt?" fragte mich mein Bekannter nach einer Weile.

Ich schilderte ihm mein Problem. Gernot hörte sich meinen Vortrag an und schüttelte schließlich seinen Kopf.

„Junge, Junge", meinte er nach einer Weile.

„So ein Mist aber auch. Was willst du jetzt unternehmen?"

„Das wollte ich dich gerade fragen", antwortete ich. „Du bist schließlich der Fachmann."

Mein Bekannter schloß für einen Augenblick die Augen und dachte anscheinend angestrengt nach. Schließlich grinste er breit.

„Es gibt drei Möglichkeiten. Die schnelle, die preiswerte und die Persil-Methode."

„Persil-Methode?"

„Naja, die saubere Methode."

Meine Neugier wuchs. „Sprich dich aus", forderte ich ihn auf.

„Die schnelle ist diese hier." Er kramte in seiner Hosentasche und zog ein Feuerzeug hervor.

„Mache bitte keine Witze", knurrte ich. „Nach Scherzen ist mir in diesem Augenblick wirklich nicht zumute."

„Na schön", grinste er weiter. „Möglichkeit Nr. 2: Du schleifst das Boot ab, trägst zwei Schichten Epoxydharz auf und siehst zu, daß du das Ding so schnell wie möglich zu einem günstigen Preis verhökert bekommst."

Ich starrte ihn ungläubig an. „He, das ist doch wohl übelste Roßtäuscherei, oder?"

Gernot nickte. „Völlig richtig. War auch nicht ernst gemeint. Aber was meinst du, wie viele Boote auf diese Weise quasi im ‚Eilverfahren' vor der kommenden Saison noch schnell saniert werden. Zwei Jahre hat der neue Eigner zunächst seine Ruhe, aber dann beißen den Letzten die Hunde, wie man so schön sagt. Die Feuchtigkeit bleibt schließlich im Laminat, und irgendwann beginnt die vermeintliche Schutzschicht abzublättern. Was meinst du, was das für eine Sklavenarbeit bedeutet, auch noch die Reste dieses stahlharten Epoxydharzes abschleifen zu müssen, ehe man richtig ans Werk gehen kann. Das geht nur noch mit einem professionellen Peeler."

„Ich bin kein Betrüger", meinte ich. „Und die dritte Lösung?" fügte ich hinzu.

„Du setzt dich auf dein Boot und bringst es nach Hindeloopen. Dort gibt es eine Werft, die sich auf professionelle GFK-Schadensbeseitigung spezialisiert hat. Ich kenne die Leute. Wenn du willst, spreche ich mit denen. Naja, deren Auftragsbücher sind seit den letzten Jahren immer gut voll, aber vielleicht kann ich trotzdem für dich etwas erreichen."

„Das finde ich toll", antwortete ich. „Okay, alter Freund. Ich setze mich gleich in den Wagen und fahre nach Hindeloopen. Würdest du die Leute anrufen?"

Gernot überlegte eine Weile.

„*Solveig* liegt am Lauwersmeer, sagst du?"

„Stimmt. Im Yachthafen Noordergat."

„Meinst du, der Hafenmeister könnte sie zwischendurch auch ohne unser Beisein zurück ins Wasser setzen."

„Was meinst du mit ‚zwischendurch'?"

Gernot lächelte listig. „Bin lange nicht mehr durch Friesland gedüst. Was hältst du von einem kleinen Frühjahrstörn über die Kanäle? Ich wollte ohnehin schon immer mal einen Artikel über die Friesische Seenplatte schreiben."

Schon seit Stunden dröhnte der Außenborder am Heck. Zum Glück hielt sich das Wetter. Es war saukalt für Anfang April, aber wenn es jetzt auch noch geregnet hätte, dann wären mir die Ohren wirklich abgefallen. Ich starrte nach vorne, wo mir der Mastfuß, der auf dem Bugkorb lag, mit dem Drahtgewirr der Wanten die Aussicht versperrte. Schräg neben mir vibrierte die acht Meter lange Aluminiumröhre. Sie lag nur im Bugkorb und auf einer Gabel am Heckkorb. Die Wanten hatten wir von den Püttings gelöst, damit wir nicht ständig auf dem Seitendeck stolperten. Eine folgenschwere Fehlentscheidung, wie sich noch herausstellen sollte. In der Plicht standen zwei Zehnliterkanister mit Treibstoff. Auf Langfahrt schluckte der kleine Japaner am Heck wie ein nachts in der Schnapsabteilung eines Supermarktes eingeschlossener Alkoholiker. Der Kopf meines Weggefährten erschien im Niedergang.

„Laß es gut sein, Peter", meinte er. „Fahre um Himmelswillen am Sneekermeer-Paviljoen rechts ran. Mir ist vielleicht sowas von kalt. Dein malerisches Sneek hin oder her, aber heute abend möchte ich mich erst einmal in einer gemütlichen Kneipe aufwärmen. Im Yachthafen bekommen wir bestimmt Stromanschluß. Dann läßt sich endlich deine Elektroheizung in Betrieb nehmen. Im übrigen muß ich wegen der Reparatur mit der Werft telefonieren."

Gernot hatte recht. *Solveig* lag bereits im Wasser, als ich mit meinem Bekannten am Lauwersmeer ankam. Den Mast zu legen bedeutete für zwei Männer vom Fach eine Sache von zehn Minuten, und dann ging es auch schon los. Allerdings suchte uns am späten Abend das Pech erneut auf. Wir lagen gerade vor der Schleuse in Dokkumer Nieuwe Zijlen, als der Spiritusheizofen in *Solveigs* Kajüte Feuer fing. Jahre schon hatte ich das Ding in Gebrauch und noch nie Probleme damit gehabt. Aber an diesem Abend machte ich wohl irgend etwas falsch. Entweder füllte ich zuviel Spiritus in den Brennertopf, oder der Behälter war den Winter über undicht geworden. Jedenfalls stand die Heizung unmittelbar nach dem Anzünden in Flammen und lag dreißig Sekunden später zischend und sprudelnd im Wasser des Kanals. Während ich noch versuchte zu retten, was zu retten war und verzweifelt nach einer Wolldecke zum Ersticken der Flammen suchte, schnappte sich Gernot kurz entschlossen die brennende Blechtrommel und sprang damit in die Plicht. Hinterher deutete er anklagend auf seine versengten Bordschuhe. Der drohende Schiffsbrand war zwar abgewehrt, aber dafür hockten wir jetzt ohne Heizung und bei nur fünf Grad Außentemperatur in *Solveigs* Kajüte. Genau die richtigen Voraussetzungen für eine klassische Lungenentzündung.

Dank des gelegten Mastes hielten uns nur die wenigen Schleusen auf. So gelangten wir unter anderem von Leeuwarden aus über die Wargaster Vaart direkt nach Grouw und sparten uns den Umweg über den Prinsenhof. *Solveigs* Tiefgang von weniger als einem Meter erlaubte es uns, beinahe jede Abkürzung zu wählen. Jedenfalls brauchten wir bis Heeg nur einen Tag. Allerdings befiel mich unterwegs mehr und mehr das Gefühl, langsam aber sicher taub zu werden. Ein Außenborder stellt wirklich nicht den richtigen Antrieb für stundenlange Motortörns dar. Auch mir war es recht, endlich ins Warme zu kommen. Eine halbe Stunde später bog *Solveig* zur Blauen Stunde in den modernen Yachthafen vor den Toren Sneeks ein. Fünf Minuten nach dem Festmachen saßen wir mit langsam rosiger werdenden Händen und Gesichtern in der Hafenkneipe.

„Sieht schlecht aus!" meinte Gernot, als er anderntags in der Schleuse von Workum den Niedergang in die Plicht hinauf kletterte. Ich schaute nach oben in den Himmel, über den grauschwarze Wolken hinwegzogen.

„Was sagt der Wetterbericht?" fragte ich.

„Nordwest bis West sieben. Gegen Mittag zunehmend acht Beaufort und Hagelschauer. Mist! Wären wir bloß über Koudum gefahren. Wenn wir Pech haben, kommen wir nicht einmal aus der Kanaleinfahrt heraus."

Ich nickte. Mein Bekannter hatte recht. Ich hätte auf ihn hören sollen, aber ich wollte, wenn ich schon quer durch Friesland motoren mußte, wenigstens einen Abstecher nach Workum machen. Workum und Hindeloopen liegen sowieso nur einen Steinwurf voneinander entfernt. Für beide Häfen benutzt man von See kommend sogar dieselbe Ansteuerungstonne. Entlang der Küste erstreckt sich jedoch ein recht tückischer Untiefengürtel. Also mußte ich *Solveig* erst einmal ein ganzes Stück auf das IJsselmeer hinaussteuern. Und das bei sieben bis acht Windstärken, der üblen, kurzen und steilen IJsselmeerwelle und nur mit Außenborderantrieb. Die andere Möglichkeit wäre die gewesen, wieder umzudrehen, den ganzen Weg zum Heeger Meer zurückzufahren, dort zu drehen und auf einem anderen Weg quer durch das Inland nach Hindeloopen zu gelangen. Der Teufel sollte mich holen!

Grimmig schob ich den Gashebel nach unten, als *Solveig* die Schleusenkammer von Workum verließ. Auf dem Weg entlang der Werft von Anne Wever merkten wir bereits den Biß des beginnenden Frühjahrssturms, doch als der neu gebaute Yachthafen 't Soal querab lag, spritzte bereits das aufgepeitschte Kanalwasser bis auf das Vordeck hinauf. Gernot kam mit den Schwimmwesten an Deck. Wir schlängelten uns hinein und zogen die Kapuzen unserer Overalls tiefer ins Gesicht. Das würde heiter werden.

Wie heiter es wurde, das merkten wir, als wir den Wellenbrecher hinter uns ließen und Kurs auf die rot-grün gestreifte Ansteuerungstonne nahmen. Jede der unzähligen kurzen, eklig steilen Wellen trug ein Spitzenhäubchen aus Gischt und Schaum. Das richtige Wetter für die Seenotrettung, um ein paar Übungsmanöver zu fahren, aber bestimmt nicht die richtige Umgebung für einen niederbordigen Vierundzwanzigfüßer. Nun muß man wissen, daß die Bucht vor Hindeloopen stellenweise so extrem untief ist, daß die Wassertiefe selbst für solch ein flachgehendes Boot wie *Solveig* kaum ausreicht. Bis zur grünen Tonne W 5 brauchte ich beinahe eine halbe Stunde, dermaßen grob prügelte das IJsselmeer auf uns ein. Immer wieder mußte ich Gas zurücknehmen, weil mein Boot in den heranrollenden Wellen eintauchte und hoch katapultiert wurde, woraufhin der Propeller am Heck wild kreischend aufheulte.

Das erste Ungeschick ereilte uns an der Tonne, als ich den Kurs änderte. Keiner von uns beiden hatte an den Mast gedacht. Als *Solveig* quer zu Wind und Wellen lag, wurde sie dermaßen brutal auf die Seite geworfen, daß sie um mehr als vierzig Grad krängte. Dabei hob sich der Mast aus dem Bugkorb und rutschte vorne über Bord. Ich schloß unwillkürlich die Augen. Gernot sprang zwar noch, wie er mir später erklärte, in den Niedergang und versuchte die Aluröhre an einem der Stahldrähte festzuhalten, aber die nächste Welle warf *Solveig* herum, und er mußte loslassen und sich festhalten, sonst wäre er hinterrücks in die Kajüte gestürzt.

Als ich ungläubig die Augen aufschlug, besaß ich ein Motorboot. Naja, mit dem unter Deck verstauten Baum hätte ich vielleicht noch ein Notrigg aufrichten können. So, wie man es häufig in Weltumseglerlegenden liest. Lange Zeit zum Überlegen blieb nicht. Ich bemühte mich, ungefähr Südkurs anzuhalten und versuchte gleichzeitig, die rote Tonnenreihe vor der Hafeneinfahrt zu erwischen. Nur nicht zu weit östlich halten! Neben der Tonne H 10 lauerte eine Untiefe, auf der *Solveig* selbst bei spiegelglattem Wasser stranden mußte. Der Teufel sollte mich holen! Warum war ich nicht zurückgefahren und hatte den Umweg über das Heeger Meer genommen!

Die von hinten anrollenden Wellen machten mit meinem kleinen Küstenkreuzer, was sie wollten. Beliebig wurden wir wie ein Brummkreisel mal in die eine und mal in die andere Richtung geworfen. Die zwei Kilometer bis zur Hafeneinfahrt von Hindeloopen kamen mir beinahe genauso weit vor, wie die Überfahrt von Hoek van Holland nach Harwich. Immer wieder kreischte es hinter mir, wenn der Propeller Luft quirlte. Gernot verkeilte sich, so gut es ging, auf der Steuerbordseite und schüttelte mit verkniffenem Gesicht die rechte Hand aus. So, als hätte er sich gerade eben die Finger an etwas Glühendheißem verbrannt. Es war aber auch eine verdammt brenzlige Situation.

Hinter der H 8 atmete ich auf. Mehr als die Hälfte der Strecke war geschafft, und ich konnte die Einfahrt schon deutlich ausmachen. Doch irgend jemand hatte heute offensichtlich etwas gegen uns. Kurz hinter der folgenden roten Tonne, genau dort, wo die Flachwasserzone begann, gerieten wir in eine Art Mini-Grundsee. Der Propeller drehte vermutlich eine Sekunde zu lange in der Luft herum. Jedenfalls vertrugen sich die beiden wild im Innern des Japaners rotierenden Kolben nicht mit dem dadurch abreißenden Ölfilm. Der Motor jaulte also nochmal ohrenbetäubend auf, es gab einen metallischen Schlag, und nach dem Bruchteil eines Augenblicks hörten wir nur noch das Heulen des Windes und das Klatschen der Wellen gegen *Solveig*s Rumpf.

„Ja, nun laß Dir doch nicht jede Rosine einzeln aus der Nase ziehen", meuterte Theresa. „Das ist ja..."

„...unerträglich", beendete ich ihren Satz. „Wie recht du hast. Ich möchte aber erst einmal kurz verschnaufen und ein Bier trinken. Wer zapft mir eins?"

Ich drehte mich um und deutete auf den Neffen von Bert

Heinrichs, der in der selbst zusammengezimmerten Bar original Düsseldorfer Gerstensaft in Gläser füllte. Der Bub nickte und machte sich an die Arbeit. Ich blinzelte nach oben in einen hellblauen Himmel, über den weiße, bauschige Wattewolken von Westen nach Osten zogen. Typisches Frieslandwetter.

„Spannen Sie uns nicht auf die Folter", meinte auch Lieselotte, Bert Heinrichs Frau, die mit uns an einem der runden Tische saß. Bert Heinrichs hatte ausgewählte Gäste, treue Stammkunden und interessierte Laufkundschaft von der Düsseldorfer Messe zu einem Klönschnack nach Lemmer eingeladen, wo er einen Teil seiner Charterflotte der Öffentlichkeit vorstellte und gleichzeitig auf weitere Vertragsabschlüsse spekulierte. Auf dem Vorplatz in der Marina Friese Hoek hatte er vom Hafenmeister ein kleines Terrain angemietet, auf dem er einen Zeltunterstand mit Tischen und Stühlen errichten durfte. Weil sich aber das Wetter ausnahmsweise von der besten Seite zeigte, verzogen wir uns schon recht bald mit den Tischen und Stühlen samt Bar in Richtung Steganlage. Nicht nur Lieselotte, Bert und Theresa lauschten an unserem Tisch meinem Vortrag. Neben Theresa hockte Candida, um deren Aufmerksamkeit Waldemar Schupfschnabl wieder einmal sichtlich bemüht schien.

„Tja, was soll ich sagen", fuhr ich fort. „Wir trieben auf Land zu. Besser gesagt auf die Untiefe genau vor der Hafeneinfahrt. Wegen *Solveig*s geringem Tiefgang strandeten wir erst ziemlich spät."

„Strandeten, sagst du? Soll das heißen..." erkundigte sich Waldemar.

Ich nickte traurig. „Genau das soll es heißen."

„*Solveig* ist gesunken?" stieß Theresa aus.

„Yes, Sir", bestätigte ich.

„Warum haben Sie denn keinen Anker geworfen?" murmelte eine Stimme vom Nachbartisch her.

Ich drehte mich herum. Nicht nur, daß es mich mißvergnüglich stimmt, wenn man mich ungefragt von der Seite her anquatscht. Nein, die Stimme kam mir irgendwie bekannt vor. Ich musterte den Sprecher am benachbarten Tisch genauer. Du glaubst es nicht, fuhr es mir durch den Kopf. Der Typ sah aus wie mein Lehrer für Deutsch und Latein auf dem Gymnasium. Und der sollte segeln können? Mit an seinem Tisch saß eine Frau mittleren Alters. Anhand ihres Outfits konnte man unschwer erkennen, daß auch sie sich dem Wassersport verschrieben hatte.

Das will ich dir gerne sagen, du Klugscheißer, wollte ich schon wie ein Bullterrier, dem man ein paar Konservendosen an den Stummelschwanz gebunden hatte, ungehalten losknurren. Aber ich riß mich zusammen. Überwiegend deshalb, weil ich Bert Heinrichs nicht noch mehr Kunden vergraulen wollte.

„Versuchen Sie mal bei einen Meter fünfzig hohen IJsselmeerwellen auf das Vorschiff eines Vierundzwanzigfüßers zu krabbeln und dort den Anker samt Kette und Leine aus dem Schapp zu kramen", warf ich stattdessen ein. „Bevor Sie auch nur auf das Seitendeck klettern, liegen Sie schon im Wasser."

„Sie vielleicht", spielte er sich auf. „Mir ist das jedenfalls noch nicht passiert."

„Oh, wir haben einen Hiscock unter uns", grinste ich in die Runde.

„Keinen Hiscock. Aber im Gegensatz zu Ihnen besitze ich den entsprechenden Segelberechtigungsschein für diese Gewässer. Man merkt ja, wohin Unwissenheit führt", fügte er anzüglich hinzu. Die Frau neben ihm nickte zustimmend.

Ich musterte ihn forschend. Ein blasser Hüne mit gestutztem, bereits grau durchsetztem Vollbart, ovaler Schubertbrille und einem Gebiß, das jeden Kaltblüter vor Neid hätte erstarren lassen. Der Vogel war mir auf Anhieb so sympathisch wie ein Vertreter für Staubsaugerbeutel, der an Heiligabend an der Haustür klingelt. Waldemar rettete die Situation.

„Los, weiter! Was passierte also?"

Ich widmete mich wieder meinen Zuhörern.

„Also, wie gesagt", fuhr ich fort. „Anker werfen war nicht. Ich versuchte erst noch, aus der sicheren Plicht heraus die Pütz als eine Art Treibanker zu benutzen. Erst stoppte sich unsere Fahrt

40

auch tüchtig ab, aber dann riß der Henkel, an dem die Leine festgebunden war, und los ging wieder die wilde Fahrt. Hindeloopen
besitzt zwar zusammen mit Workum eine Seenotrettungsstation,
aber was nutzt die schönste Rettungsorganisation, wenn sie niemand alarmiert. Ihr wißt ja, daß ich kein UKW an Bord hatte.
Und zu dieser Jahreszeit und bei diesem Wetter befanden sich
außer uns ziemlich wenig Leute auf dem Wasser."

„So ein bodenloser Leichtsinn", brummelte der Typ am Nachbartisch. „Über das IJsselmeer segeln, aber kein UKW-Gerät an
Bord haben. Typisch Anfänger."

„Kann mal einer das Radio da drüben abstellen?" brauste die
ehrwürdige Mutter plötzlich auf. Bert Heinrichs legte ihr besänftigend die Hand auf den Unterarm. Er wußte seit vorigem Jahr in
Scheveningen aus eigener Erfahrung nur zu gut, wozu eine in
Aufruhr gebrachte Thea zumindest rein verbal fähig war.

„Fahren Sie fort", forderte er mich stattdessen auf.

„*Solveig* erhielt Grundberührung. Erst brach das Ruder weg,
schließlich legte sie sich auf die Seite und wurde von den anstür-
menden Wellen immer weiter auf die Sandbank geschoben. Mit
beinahe sechzig Grad Lage blieb sie liegen. Dann brach Wasser
durch den Niedergang ein."

„Auch noch das Schiebeluk offen gelassen", schüttelte der Hüne
am Nachbartisch den Kopf. Weil ihn jedoch niemand beachtete,
ignorierte auch ich seine dauernde Besserwisserei.

„Unser Glück war, daß wir das Wrack von dieser Stelle aus praktisch zu Fuß verlassen konnten. Als *Solveig* endgültig zum Stehen
kam, betrug die Wassertiefe in ihrer Umgebung nämlich nur
noch etwas mehr als einen halben Meter."

„Was sagte ihr Mitsegler zu dem Malheur?" erkundigte sich
Lieselotte Heinrichs.

Ich lachte. „Gernot? Der hat die halbe Zeit nur seine Spiegelreflexkamera klicken lassen. Sowas von erlebnisgeil habe ich ja
noch nie erlebt! Das muß wohl an seinem Beruf liegen. Der hatte
die ganze Zeit über nichts anderes im Kopf, als darüber nachzu-
denken, wie man auch noch Kapital aus der Havarie schlagen

konnte." „Heißt das", fragte Bert mit einem Mal atemlos, „das ist Ihr Boot, das in der neuesten Ausgabe der ‚Wassersport' abgedruckt ist?"

Ich nickte traurig. „Ich habe die Ausgabe zwar noch nicht gelesen, aber ich schätze, das wird sie sein. Gernot schreibt für das Blatt."

„Klarer Fall für das Seeamt", murmelte der Souffleur am Nachbartisch. „Stelle dir vor, Heide, wir hätten bei so einem Aufschneider für einen Probeschlag gebucht. Nicht auszudenken. Wenn der schon zwischen Workum und Hindeloopen untergeht, was passiert dann wohl erst auf der Nordsee?"

„Sag mal, du Imitation von einem Berufsschullehrer", knurrte die ehrwürdige Mutter los. „Von höflicher Zurückhaltung stand aber wohl nichts auf deinem Segelschullehrplan, was? Nun, sagte das Mädchen zum Matrosen, steig runter. Mehr kriegst du nicht. Also halt jetzt den Mund, Gevatter, oder hast du keinen Friseur, dem du die Ohren vollquatschen kannst?"

Die Frau der Berufsschullehrerimitation verfärbte sich zwischen den Ohrläppchen blutrot. Herr Imitat schnappte genau wie damals Bert Heinrichs im Yachthafen von Scheveningen deutlich hörbar nach Luft.

„Was haben Sie eigentlich ständig?" mischte sich auf einmal unser Gastgeber ein.

„Sind Sie überhaupt schon mal bei sieben Windstärken mit solch einem kleinen Boot draußen gewesen?"

„Nein, Herr Heinrichs", antwortete der Hüne und erhob sich. „Bei sieben Windstärken hat ein Segelboot dieser Größe ohne gesetzten Mast und nur mit einem unzuverlässigen Außenborder auf einem Gewässer wie dem IJsselmeer auch nichts zu suchen. Wenn wir tatsächlich einen Skipperkurs bei Ihnen buchen sollten, dann teilen Sie uns bitte vorher mit, wer der Bootsführer ist. Mit so jemandem segeln wir jedenfalls nicht mit."

„Langsam frage ich mich, ob es eine gute Idee war, den beiden meine Sun Dream ab Südholland zu verchartern", meinte Bert Heinrichs, als die Stänkerer verschwunden waren.

„Was sagte der Segellehrer nach bestandener Prüfung zu seinen Segelschülern?" schmunzelte ich.

„Na, was?" fragte Lieselotte Heinrichs neugierig.

„Herzlichen Glückwunsch! Seid vorsichtig! Legt immer Schwimmwesten an! Verlaßt nie den Liegeplatz!"

„Was haben Sie jetzt für den Rest der Saison vor?" fragte mich der Inhaber der Charterstation.

Bert Heinrichs und ich schlenderten langsam die Bootsreihe entlang und kamen schließlich am Kopf des Steges an. Ich sog gierig die Luft ein, die hier im relativ ungeschützten Yachthafen so herrlich nach IJsselmeermodder, Tang und Landwirtschaft roch. Um mich herum packten Leute ihre Faltkisten und Pappkartons aus und komplettierten wieder ihre Boote, die im Schutz der Hallen beziehungsweise im Wasser überwintert hatten. Ein geschäftiges Treiben herrschte im Hafen. Stimmen wurden laut. Aufgeräumte, aber auch zum Teil hektische und nervöse Rufe schallten über die Wasserfläche, wenn Boote an- oder ablegten. Heute war Samstag. Die Bootseigner wollten bei dem handigen Westwind nach Enkhuizen hinüberkreuzen oder gemütlich nach Workum oder Makkum schippern. Ich wäre mit *Solveig* jetzt auch gerne mit dabei gewesen. Aber mein treuer kleiner Küstenkreuzer war, nachdem die Versicherung die Bergungskosten beglichen hatte, längst von einem Bootshändler auf einem Hänger abgeholt worden. Ich konnte mir beim besten Willen nicht vorstellen, was der noch mit dem Wrack anstellen konnte. Mir jedenfalls schien, auch im Hinblick auf die noch ausstehende Osmosesanierung und das verlorene Rigg, das finanzielle Risiko für weitere Investitionen zu hoch. Und trotzdem. Als ich mit Bert Heinrichs auf dem Kopfsteg der Marina Friese Hoek stand, hätte ich alles gegeben, um *Solveig* zurückzuhaben. Aber wahrscheinlich war ich nur ein gottverdammter Sentimentalist. Ich überschlug noch einmal den von Gernot geschätzten Reparaturaufwand. Für das Geld hätte ich eine zweite *Solveig* kaufen können. Soviel Bares hatte ich gar nicht flüssig.

Ich zuckte zur Unterstreichung meiner Antwort die Achseln. „Ich weiß nicht, Bert. Keine Ahnung. Ich könnte bei Gernot für drei Wochen mitsegeln. Er will von Breskens aus bis in die Bretagne und sucht noch einen Steuermann, auf den er sich verlassen und der ihn nachts ablösen kann. Aber er segelt mit Leuten, die ich nicht kenne. Und da bin ich stets ein wenig heikel. Sie wissen ja. Gebranntes Kind, und so." Mein Gastgeber nickte.

„Ja, kann ich verstehen. Aber sagen Sie mal. Kennen Sie sich denn in der Gegend überhaupt aus? Trauen Sie sich zu, eine Yacht nachts über den Ärmelkanal zu segeln?"

„Null Problemo", winkte ich ab. „Die Anfahrt mit dem Auto bis zum Ausgangshafen in Holland oder Belgien ist sicherlich gefährlicher. Solange man entlang der französischen Küste läuft, kann nur Starkwind vierkant aus Westen gefährlich werden. Und auch das nur auf dem Hinweg. Vor zwei Jahren bin ich mit *Solveig* schon bis in die Normandie gesegelt und war heilfroh, daß ich einen riesigen Blister und genügend Treibstoff dabei hatte. Es herrschte tagelang Flaute."

„Aha", murmelte Bert Heinrichs.

Wir wandten uns wieder ab und gingen den Steiger zurück in Richtung Land.

„Aber auch ein Abstecher nach England ist zumindest mit einem Boot über neun Meter überhaupt kein Thema", fügte ich hinzu. „Man muß halt nur auf die Frachtschiffe in den Verkehrstrennungsgebieten achten. Naja, man sollte nicht gerade mit einem Außenborder unterwegs sein."

„Das heißt, daß ein Trip nach England mit einem Boot von *Tessa*s Größe kein Problem darstellt?"

Ich blickte überrascht auf. „Mit der *Tessa*? Nema Problema!"

„Wieviel Zeit braucht man beispielsweise vom Solent zu den Kanalinseln und über Nordfrankreich und Belgien zurück nach Holland?"

Ich überlegte. „Von England aus? Kommt darauf an, wie viele Hafentage eingelegt werden müssen. Geht man von durchschnittlichen Windstärken aus, dürften zwei Wochen ausreichen."

45

„Interessant", murmelte Bert Heinrichs. „So in etwa habe ich mir das auch vorgestellt."

Zwei Wochen später hockte ich auf meiner Bude und versuchte verzweifelt, eine Mitsegelgelegenheit für den Sommer zu ergattern. Es war zum Verzweifeln. Karl konnte sich für acht Wochen im Betrieb freimachen und plante einen Trip bis in die Ostsee. Nee, acht Wochen zusammen mit Karl und Karla auf einem Boot, das einrichtungsbedingt nicht auf Bordgäste eingerichtet schien, kam nicht in Frage. Zumal es in Norddeutschland und Dänemark im vergangenen Jahr zur gleichen Zeit vier Wochen an einem Stück regnete. Da wuchsen einem ja Fischhäute. Und im übrigen war es dort oben im hohen Norden für meinen Geschmack ohnehin viel zu kalt. Gerd und Sabine nebst Töchting konnten sich einfach nicht entscheiden. Sie wollten den anstehenden Urlaub ganz einfach spontan auf sich zukommen lassen. Wahrscheinlich wollten sie mit ihrer Zögerlichkeit auch bloß vermeiden, daß ich unter Umständen auf die Idee kam, bei ihnen an Bord anzuheuern. Vielleicht tat ich ihnen mit meinem Verdacht aber auch bloß unrecht.

Ich schnappte mir die neueste Ausgabe einer Yachtzeitschrift und blätterte den Anzeigenteil durch. Mitsegelangebote gab es mehr als genug, aber hinter den wirklich interessanten Offerten verbargen sich in Wirklichkeit professionelle Mitsegelzentralen und Überführungsfirmen. Da sollte man eine Koje auf einem angeblichen Luxusdampfer buchen können. Die Woche, freilich exklusive Sprit-, Hafen- und Bordkassenanteil, gab es nicht unter sechs-, siebenhundert Mark. Es sei denn, der Törn ging rauf nach Spitzbergen. Aber wer wollte da schon hin? Bei den wirklich privaten Inserenten handelte es sich um frustrierte Eheleute mit mindestens zwei Kindern, die auf diesem Wege Abwechslung oder Kontakt zu Gleichgesinnten suchten. In zwei Fällen sollte sich die Abwechslung während des Törns nicht ausschließlich auf geistiges und sportliches Gebiet beschränken. Ja, wie hätten Sie's denn gerne?

Außerdem inserierten noch jede Menge Alleinstehende, die eine billige Deckshand für die Drecksarbeit an Bord suchten. Geschickt getarnt hinter der Offerte „Hand gegen Koje". Meist wollte jemand sein Boot möglichst in Rekordgeschwindigkeit von der Nordsee zur Ostsee oder umgekehrt verholen, um dann anschließend – natürlich ohne den lästigen Mitsegler – den richtigen Urlaub mit Bekannten oder im Kreise der Familie zu verbringen. Ja, hast du Töne? Dann kann ich ja gleich auf einer spanischen Kriegsgaleere anheuern.

Der Juni rückte bedrohlich näher. Immer häufiger meldete sich unter den in den Wassersportzeitschriften angegebenen Telefonnummern nur noch der Anrufbeantworter. Oder die wenigen Leute, deren Trip noch nicht unmittelbar anstand, winkten nach meinem Eingangssatz schon ab. Nein, die Crewliste sei längst komplett. Warum ich denn nicht eher angerufen hätte.

Gleichzeitig gab ich meinerseits eine Suchanzeige auf. Ich wählte die ‚Wassersport', weil die immer schon zur Mitte des Monats erschien. Die anderen Fachblätter hatten Vorlaufzeiten von über sechs Wochen. Da hätte ich ohnehin kaum noch mit ernstzunehmenden Angeboten für den Frühsommer rechnen können. Ich schlug die Zeitschrift auf und suchte meine Anzeige.

„Mit dem Umgang auch großer Fahrtenyachten vertrauter Segler und Nordseekenner kurzfristig für einen Frühsommertörn im Juni/Juli frei. Eigenverantwortliche Schiffsführung selbstverständlich. Nachtfahrten kein Problem. Seriöse Angebote unter Telefon..."

Ich legte die Zeitschrift zur Seite und grinste. Aber nicht sehr lange. Denn bereits nach dem zehnten oder elften Anruf war ich nicht mehr sonderlich geneigt, überhaupt noch ans Telefon zu gehen. Die eine Hälfte bot mir Bootsmannsdienste auf Motoryachten an. Sogar eine Reederei meldete sich und fragte, ob ich mir auf einem Trampdampfer zur westafrikanischen Küste ein Zubrot verdienen wollte. Natürlich außertariflich. Vermutlich für einen warmen Händedruck pro Stunde. Die andere Hälfte der Anrufer hatte ganz andere Dinge als Wassersport im Kopf. Um Sport handelte es sich schon, aber um einen ziemlich horizontalen. Mir blieb die Spucke weg. Ich denke, ich als Mann konnte mich im Zweifelsfall schon irgendwie wehren. Aber was, um Himmelswillen, machte eine segelbegeisterte junge Frau, die bei ihrer Suche nach einer freien Koje und in Erwartung eines erholsamen und lehrreichen Segeltörns versehentlich in die Griffel solcher Schmutzfinken geriet?

Langsam begrub ich sämtliche Hoffnungen. Karl und Karla befanden sich längst irgendwo zwischen Norddeich und Cuxhaven. Gerd unterdessen hatte sich stillklammheimlich verdrückt. Ich wäre sowieso bei denen an Bord nicht mitgesegelt. In zwei Kabinen mit vier Personen. Unvorstellbar! Mich ärgerte nur, daß man mich nicht wenigstens einmal quasi pro forma fragte. Als letzten Ausweg versuchte ich Waldemar zu erreichen. Vielleicht konnte ich ihn zu einer Bergwanderung (Oh, Schauder!) in den Alpen überreden. Aber der Schwabe schien wie vom Erdboden verschluckt. Irgendwann abends klingelte dann doch das Telefon.

„Paul", meldete ich mich.

„Ja, hallo", antwortete eine männliche Stimme. „Mit wem spreche ich?"

„Paul", erwiderte ich verwundert. „Sagte ich bereits."

„Nein, ich meine ihren Nachnamen."

„Das ist mein Nachname. Mein Vorname ist Herr. Herr Paul."

„Oh", machte die Stimme. Im Hintergrund vernahm ich Geflüster.

Ich wollte schon auflegen, da räusperte sich die Stimme. „Hier Ministerialrat Dr. Schulze. Ich rufe an wegen Ihrer Annonce betreffend einer Mitsegelgelegenheit."

Pause. Ich lauschte vergeblich, aber da kam nichts mehr.

„Hallo?" erkundigte sich der Bürofritze. „Sind Sie noch dran?"

„Klar", antwortete ich.

„Nun, sind Sie interessiert?" fragte er.

„Sie sind gut", lachte ich. „Sagen Sie mir erst, wo es hingehen soll, wer mit von der Partie ist und mit welchem Bootstyp."

„Ich denke, die Fragen sollte ich zunächst einmal stellen, Herr Paul. Finden Sie nicht?"

Ich verfluchte die Tatsache, daß mir in diesem Augenblick Theresa Schmitz, die angehende Afrika-Missionarin und männerfeindliche Suffragette aus der Kölner Bronx, nicht als Anrufbeantworterin zur Verfügung stand. Die hätte diesem Vogel am Telefon vielleicht den Marsch geblasen!

„Also?" meinte ich schließlich ergeben. Erst einmal hören. Angebote ausschlagen konnte ich immer noch. Es war vermutlich sowieso die letzte Offerte.

Dr. Schulze räusperte sich. „Sie schreiben, Sie hätten Erfahrung im Umgang mit Segelyachten. Welche Scheine besitzen Sie?"

Oh, nein! Das durfte doch nicht wahr sein! Schon wieder ein Scheinheiliger!

„Sportboot Küste und Sportboot Binnen. Warum?"

„Das sind doch nur Motorbootscheine", examinierte er mich. Im Hintergrund hörte ich ihn mit besagter dritten Person tuscheln.

„Nein, ich meine Segelscheine. Also zum Beispiel den BR-Schein, den BK-Schein oder C-Schein."

Ah, den bin-ratlos-, bin-kopflos- oder den Chaos-Schein. Was wollte der? Segeln, oder einen Berufsnautikerstammtisch zusammenstellen?

„Nichts von alledem. Aber dafür verfüge ich über etwa fünfzehntausend See..."

„Keine Befähigungsnachweise?" unterbrach er mich mit schriller Stimme. „Und da lamentieren Sie hier über Erfahrung herum? Und unterstellen eigenverantwortliche Schiffsführung? Was wollen Sie denn eigenverantwortlich führen? Ein Badebötchen?"

Jetzt wurde ich grantig. Mir kam der Verdacht, daß ich die Stimme schon irgendwann einmal gehört hatte. Und zwar vor gar nicht allzu langer Zeit in Lemmer.

„Hören Sie", fuhr ich fort. „Wenn Sie einen A 6-Kapitän benötigen, dann wenden Sie sich gefälligst an den Germanischen Lloyd. Adresse steht im Telefonbuch. Lieber Himmel, was haben Sie denn schon Großes vor? Eine Weltumsegelung?"

„Jetzt werden Sie nicht komisch, Paul", fuhr er mich an. „Aber für Nordsee und Ärmelkanal ..."

„Herr Paul", unterbrach ich ihn.

„Wie meinen?" fragte er verblüfft.

„Hören Sie, Herr Ministerialrat", knurrte ich. Diesmal stand Bert Heinrichs mit seiner Charterfirma außen vor, und so konnte ich endlich den bereits erwähnten Bullterrier mit den am Schwanz festgebundenen Konservendosen von der Leine lassen.

„So können Sie mit ihren Untergebenen im Büro reden. Wenn bei ihnen Mobbing zur Schiffsführung gehört, dann viel Vergnügen, Sie Pfeife. Ich denke, ich muß nochmal mit den Verantwortlichen von Happy Cruising reden, ob man solchen Typen wie ihnen überhaupt eine Yacht anvertrauen darf."

Ich weiß nicht mehr, wer von uns beiden als erster auflegte. Ja, da hörte sich doch alles auf! Da charterte dieses Großmaul ein 28-Fuß-Bötchen und suchte anschließend einen Mitsegler mit Kapitänspatent auf Großer Fahrt, der sich vom Herrn Ministerialrat Doktor Sowieso nach dessen Gusto lustig und vergnügt herumkommandieren ließ. Ja, welches Schweinderl hätten's denn gerne?

Bald darauf klingelte erneut das Telefon. Es war Bert Heinrichs. Er kam auch sofort zur Sache.

„Ein Charterkunde hat sich über Sie beschwert", meinte er. Seine Stimme klang ruhig und gelassen.

„Meinen Sie diesen Doktor Dingenskirchen? Diesen Ministerialfritzen? Was heißt hier beschwert? Meinen Sie, ich lasse mich von diesem nautischen Weichei auf den Arm nehmen? Also, du glaubst es nicht..."

„Lassen Sie Luft ab, Peter", lachte der Firmenchef von Happy Cruising. „Seien Sie froh, daß Schulze mich angerufen hat. Sie suchen eine Mitsegelgelegenheit?"

„Jaaa", dehnte ich das Wort wie abgekauten Kaugummi.

„Was halten Sie stattdessen von einem Kommando? Ich glaube, meine Frau hatte auf der Messe in Düsseldorf beiläufig erwähnt, daß ich eine Voyage von Jeanneau über einen Makler in Southampton erwerben konnte. Ich brauche nun einen verantwortungsbewußten Skipper, der sie mir nach Holland überführt."

50

„Allein?" antwortete ich. „Sie haben Nerven, alter Freund."

„Nein, nicht allein", hörte ich ihn auflachen. „Es gibt da schon seit Monaten Vormerkungen für einen Ausbildungs- und Perfektionskurs im Fahrtensegeln. Warum sollte ein solcher Törn ausnahmsweise nicht als One-Way-Törn gleich im Solent beginnen und deshalb über die Kanalinseln führen können?"

Dieses Schlitzohr! Der hatte mich doch schon die ganze Zeit im Visier.

Die Kunst des klassischen Alarmstarts

„Manöverbesprechung!"
Waldemar, Candida und eine sichtlich genervte ehrwürdige
Mutter ließen sich auf Kommando in die Stühle vor dem
Hafenrestaurant sinken. Die beiden anderen Mannschafts-
mitglieder, Charly und Tommy, versuchten unterdessen, Getränke zu ordern. Der Stern brannte vom Firmament herunter,
und wir waren hungrig, durstig, müde und ziemlich frustriert.
Aber seit wir in der Nacht von der Charterstation der Heinrichs
am IJsselmeer aufgebrochen waren, stürzten wir ohnehin stünd-
lich von einem Wechselbad der Gefühle in das nächste. Oh,
Mann, war ich froh, daß mir die Yacht nicht gehörte! Also, ich
wußte ja von Gernot, daß bei der Übernahme, egal, ob es sich
um ein Gebrauchtboot oder ein neues Exemplar handelte, immer
mal Schwierigkeiten auftraten. Aber wir brauchten inzwischen
eine Werft mit Mastenkran samt Rigger, eine Rechtsan-
waltskanzlei für Straf-, Vertrags- und Steuerrecht und eine hu-
man- und eine tiermedizinisch-psychiatrische Fachbetreuung.
Murkel stürzte von einem Delirium in das nächste, Theresa zeigte neuerdings immer mehr Nerven, und auch ich wußte inzwischen nicht mehr, ob ich lachen oder weinen sollte. Besonders,
wenn ich an unser vierbeiniges Crewmitglied dachte, das seit
Calais in unserem Achtsitzer-Bus pausenlos herumschnarchte.
Am meisten taten mir aber Candida und die beiden Jungs leid.
Im vergangenen Herbst waren sie wegen angeblich mangelnder
Praxiserfahrung mit Pauken und Trompeten durch die
Segelscheinprüfung gerasselt. Auf diesem Törn wollten die drei
zum einen den erforderlichen 300-Seemeilen-Nachweis erlangen
und nebenbei von mir möglichst viel über allgemeine
Seemannschaft, Gezeitennavigation und Schiffsführung unter
verschärften Bedingungen lernen. Als verschärft durfte man die
Bedingungen durchaus bezeichnen, auch wenn an praktisches
Segeln bis jetzt nicht im Entferntesten zu denken war.

Warum sich unsere ehrwürdige Mutter Theresa, die kurz vor ihrem Examen stand, auf einmal so vehement für das Segeln interessierte und sich angeblich schon für einen theoretischen Segelkurs im kommenden Herbst eingeschrieben haben sollte, war mir genauso schleierhaft wie der plötzliche Sinnesumschwung des Schwaben vom Kanufahren zum Yachtsegelsport. Er schaffte es tatsächlich noch im Herbst des vergangenen Jahres, bei einer Schule am Bodensee für den Segel-A-Schein zu buchen und ihn sogar zu bestehen. Im Grunde genommen war er der einzige bei uns an Bord, der ein schriftlich bestätigtes Segelpatent vorweisen konnte. Auch Thea und Waldemar wollten auf dem Törn soviel Segelpraxis wie möglich gewinnen, um anschließend anderswo und jederzeit als Deckshand an Bord eingesetzt werden zu können.

Mir selbst konnte das momentane Dilemma eigentlich ziemlich egal sein. In meinem näheren Dunstkreis gab es keinen Arbeitgeber, der mich in genau zwei Wochen wieder zurück erwartete und keine Sucht auf bestätigte Seemeilen für irgendwelche Scheine. Ein wenig voreilig hatte ich für „den Hopser rüber nach Guernsey" und für „den kurzen Probeschlag zurück nach Holland" nur zwei Wochen veranschlagt. Der Teufel sollte mich holen! Ein Tag war bereits futsch, und bislang sah es nicht danach aus, daß wir Hamble Point Marina allzu schnell würden verlassen können.

„Sechsmal Cola", rief der sonst so stille Tommy und stellte das Tablett auf dem Tisch ab.

„Die haben mich im Restaurant wie einen Drogensüchtigen behandelt", beklagte sich Charly.

„Ich habe dich gewarnt. Die Engländer trinken scharfen Alkohol außer Haus ausschließlich in Pubs. Und die öffnen gewöhnlich erst ab fünf Uhr nachmittags."

Ich roch an den Gläsern. „He, das ist wohl mexikanischer Raketentreibstoff, wie?"

„Halb Cola, halb Glenmorangie von der Fährüberfahrt", antwortete Tommy.

„Cheerio, Miß Sophie!" schnarrte Waldemar und stieß mit uns an, daß die Gläser klirrten. Er prostete Charly und Tommy mit seinem Drink zu. „Admiral von Schneider! Mr. Winterbottom!"

Als der schottische Hochlandwhisky schließlich in unseren leeren Mägen schwappte und sich von dort über die Blutbahn einen Weg zu den Gehirnwindungen suchte, begannen sich die Wangen der Mädels ziemlich rasch ziemlich rosig zu verfärben. Der Whisky verfehlte seine Wirkung nicht. Wenigstens hörte Theresa endlich auf, Flüche auszustoßen, die jeden Kanalarbeiter hätten blaß werden lassen.

„Und nu?" erkundigte sich Charly Bergmann, während er sich die Lippen leckte und zum wiederholten Male äußerst wohlwollend den ungerefften Blusenausschnitt einer jungen Dame am Nachbartisch inspizierte. Das schien ein Hobby oder eine Manie unseres Bordcasanovas zu sein. Ich mußte mit ihm bald einmal ein ernsthaftes Vater-Sohn-Gespräch führen. Es mochte zwar angehen, daß Mädels aufreißen in der Öffentlichkeit zum guten Ton in gewissen Frankfurter Juppie-Kreisen gehörte, aber nicht, solange die Crew beieinander hockte. Das verursachte nur Neidgefühle. Und nicht nur auf Seiten der Jungs.

„Wie, und nu?" entgegnete ich betont uninteressiert.

„Ja, was machen wir also?" fragte mich Candida im Klartext. Candida strich ihre schwarzen langen Haare in den Nacken und blickte mich erwartungsvoll an. Candida war etwa vierundzwanzig Jahre alt, klein, zierlich und der erklärte Liebling unseres schwäbischen Mitseglers Waldemar Schupfschnabl. Ob die Zuneigung allerdings auf beiden Seiten beruhte, konnte ich noch nicht mit letzter Sicherheit beurteilen. Seit der legendären Rücküberführung der *Tessa* von Lauwersoog nach Südholland hatten sich die beiden wohl nur sehr selten gesehen.

„Keine Ahnung", warf ich gelangweilt in die Diskussion. Was sollte ich noch groß sagen. Die Angelegenheit war auch so schon mehr als verfahren.

„Ich will jetzt endlich einen Plan hören", brüllte plötzlich unsere rothaarige Bord-Dragonerin und Verfechterin elitärer Frauen-

54

rechte los. In der Tat. Scharfe Alkoholika machte Mädels krakee-
lig. Unsere ehrwürdige Mutter hätte in diesem Moment einer rot-
gefärbten Brigitte Nielsen in einem ihrer drittklassigen Phan-
tasyfilme alle Ehre gemacht.

„Ich habe absolut keine Lust, beinahe tausend Kilometer durch
die Botanik zu fahren, um anschließend untätig herumsitzen zu
müssen. Das ist ja unerträglich."

Sie stutzte und kniff feindselig ein Auge zu. Diesmal hatte keiner
aus der Clique ihren regelmäßigen Stammausspruch kommen-
tiert. Wir waren einfach zu müde, zu durstig und zu geschafft. Ich
warf einen verstohlenen Blick hinüber zu dem sonst gewöhnlich
stillen Tommy. Der schlacksige Junge mit den langen blonden
Haaren verschränkte die Arme hinter seinem Genick und grinste
still vor sich hin.

„Ich wüßte da schon was...", murmelte er und blinzelte scheinbar
uninteressiert in die Nachmittagssonne.

„Er macht mich wahnsinnig! Er macht mich komplett wahnsinnig mit seinem Grinsen! Sagt ihm, daß er ..."

„Ist ja gut, Süße", brachte er sie restlos auf die Palme. Theas rot
lackierten Fingernägel schnappten wie kleine Stilette auf.

„Hör mit dem verdammten Machogehabe auf!" fuhr sie auf.
„Peter ist schon schlimm genug."

„He, ich glaube, dir geht's wohl zu gut", brummte ich verträglich.
„Schenk' ihr mal tüchtig ein, Charly", forderte ich den Vierten in
der Runde auf. „Sie schnappt sonst wirklich noch vollständig
über."

Leise gluckerte der Whisky aus der auf der Kanalfähre zollfrei
eingekauften Flasche in das Glas und färbte die restliche Cola in
ihrem Wasserglas beinahe hellgelb. Thea stürzte den Inhalt mit
einem Zug hinunter.

Es dauerte keine fünf Minuten, und sie versank langsam in
ihren Stuhl. Zehn Minuten später schnorchelte sie genau wie
Murkel unter seiner Decke im VW-Bus sanft vor sich hin. Kein
Wunder bei dieser Menge Hochlandwhisky auf nüchternen
Magen.

„Was ist mit deinem Plan?" forschten Charly, Waldemar, Candida und ich beinahe gleichzeitig.

Tommy grinste und trug seine Idee vor.

„He, bist du in der Hamburger Hafenstraße groß geworden?" fragte Charly mit großen Augen.

Waldemar schlug die Hände über dem Kopf zusammen. „Wenn sie uns erwischen, gibt's für jeden Beteiligten mindestens zwei Jahre Knast. Ohne Bewährung."

„Ein bißchen Schwund ist immer", warf Tommy ein.

„Jetzt weiß ich auch, warum ihr Thea schon außer Gefecht gesetzt habt", bemerkte Candida. „Die wird dir die zehn Gebote unter die Nase halten. Von wegen „Du sollst nicht stehlen" und so."

„Also, was ist?" fragte Tommy und rieb sich demonstrativ die Hände. Irgendwie war ich schon froh, daß er mit von der Partie war. Kampferfahrene Mitglieder der Gorlebener Atomgegnerfraktion und angehende Aktivisten von Greenpeace konnte man in solch verfahrenen Situationen wie dieser immer gut gebrauchen. Aber wie, zum Teufel, war es überhaupt dazu gekommen, daß wir zu solchen Mitteln greifen mußten?

Querab Amsterdam waren nur noch Tommy und ich wach. Laut brummend trieb der Zweiliter-Dieselmotor den achtsitzigen VW-Bus von der Lemmer Charterbasis über die niederländischen Autobahnen in Richtung Südwesten. Bert Heinrichs hatte uns seinen alten Bus geliehen. Er mußte ohnehin kurze Zeit später nochmals geschäftlich nach Südengland und freute sich, daß ihm dadurch vor Ort gleich ein vertrauter Wagen zur Verfügung stand. Ich wiederum war froh, daß wir trotz vehementem Widerstand der Schlafmützenfraktion in unserer Crew doch noch in der frühen Nacht aufbrechen konnten, denn tagsüber hätten wir auf der berüchtigten A 12 und der nicht weniger frequentierten A 16/17 unterhalb von Rotterdam in den Staus viel zuviel Zeit verloren. Tommy lehnte sich im Beifahrersitz so gut es ging zurück und stützte seine Beine auf dem Armaturenbrett ab.

Hin und wieder schüttete er mir Kaffee aus einem Thermos-
behälter in eine Kunststofftasse, um mich wach zu halten. Ich
musterte meinen Beifahrer verstohlen. Tommy Burger trug seine
langen blonden Haare wie üblich im Nacken zu einem Karl-
Lagerfeld-Schwänzchen zusammengebunden. Mit seinem blassen, kindlichen Engelsgesicht und dem durchsichtigen Kinnbart
wirkte er auf Außenstehende beinahe wie ein versehentlich vergessenes Blumenkind der späten Sechziger. Doch seine Engels-
miene täuschte. Tommy, der gerade seinen Zivildienst ableistete,
bezeichnete sich als Berufsrevoluzzer und Grünextremist. Seinen
Angaben zufolge tauchte er immer dort auf, wo die Interessen
von Müttern Natur und Erde gefährdet schienen. In Gorleben
saß er genauso in der ersten Reihe wie in den Demonstrations-
umzügen zur Verhinderung des Abtransports der Castor-Behäl-
ter.

„Sag mal", fragte ich, was ich schon seit dem vorigen Jahr von
ihm wissen wollte. „Wie kommt eigentlich ein fundamentalisti-
scher Ökologe und Gegner des landläufigen Establishments
dazu, einen solch profanen und dazu auch noch elitären Sport
wie das Yachtsegeln erlernen zu wollen."

Tommy lachte. „Ah, ein Stadtmensch! Sie glauben wohl auch,
daß wir hier oben etwas altmodisch sind. Aber das stimmt nicht!
Zugegeben, leider verkommen neuerdings gewisse Strömungen
unserer Umwelt- und Friedensbewegung. Schau dir bloß Joschka
von Bündnis 90/Die Grünen an. Früher trug er Joggingschuhe im
Bundestag, heute ist er beinahe genauso elitär wie unser Sonnenkönig. Wenn du jedoch glaubst, daß eingetragene Mitglieder
einer anerkannten Ökopartei nichts anderes zu tun haben, als in
ihrer Freizeit Islandpullover zu häkeln und ökologischen Toma-
tenanbau zu betreiben, dann irrst du gewaltig. Das sind die üblichen Vorurteile. Warum ich das Segeln mit Hochseeyachten erlernen will? Ganz einfach. Weil es sinnvoll erscheint."

„Sinnvoll erscheint?" fragte ich verblüfft.

„Klar. Segeln stellt aus energiepolitischer Sicht die umweltgerech-
teste Fortbewegung dar. Vom Laufen zu Fuß und vom Fahr-

radfahren einmal abgesehen. Hinzu kommt, daß man beim Segeln auf See viel weniger Schadstoffen ausgesetzt ist."

Von diesem Standpunkt aus hatte ich meine Freizeitgestaltung noch nie betrachtet. Meist argumentieren die Leute damit, daß gerade wir Wassersportler mit den unvermeidlichen Bewuchs-schutzfarben unter den Booten und mit unseren Einbaumaschinen die Umwelt erst recht über Gebühr belasten. Ich beschloß, diesen Aspekt nicht weiter zu vertiefen. Sonst kam Tommy vielleicht noch auf falsche Gedanken.

„Wie bist du eigentlich zu diesem Hobby gekommen?"

„Was heißt hier ‚Hobby‘? Bei verschiedenen Umweltorganisationen denkt man schon lange über ein Aktionsschiff nach, das längere Etappen über die Weltmeere ausschließlich mit Hilfe der Windkraft bewältigen soll. Da scheint es schon angebracht, wenn man als Aktivist auch segeln kann, oder?"

„Moment mal. Heißt das, du betrachtest das Segeln bloß als Transportmethode für Umweltschützer?"

Tommy wurde nachdenklich. „Sagen wir einmal als angenehmes Hilfsmittel zur Durchsetzung praktischer Umweltziele. Und da es in unserer Bewegung anstatt Dilettanten nur mehr ausgebildete Fachleute geben soll, habe ich mich entschlossen, das Segeln gleich richtig und von der Pike auf zu lernen."

„Und da gerätst du ausgerechnet an Leute wie mich und Bert Heinrichs? Bert Heinrichs dürfte in deinen Augen ziemlich reaktionär sein, oder? Ich bin von meiner Gesinnung her auch nicht gerade superfortschrittlich."

Mein Beifahrer lachte wieder. „Ja, du hast recht. Besonders nach der Pleite im vergangenen Jahr, als wir mit ihm und der *Tessa* auf der Nordsee unterwegs waren. Aber ich denke, was dich angeht, unterschätzt du deine Fähigkeiten ein wenig. Wenn ich dich und deine, sagen wir mal, etwas unkonventionelle Menschenführung an Bord nicht kennengelernt hätte, ich glaube, ich hätte nie den rechten Dreh zum Segeln gefunden." „Unkonventionelle Menschenführung?" Tommy erstaunte mich immer mehr. Thea bezeichnete mich eher als machoistischen Segel-Ajatollah.

58

„Klar", antwortete er. „Ich finde es beispielsweise bärenstark, daß man bei dir an Bord nie das Gefühl bekommt, auf einem Ausbildungsschiff zu sein. Ich denke, wir alle haben letztes Jahr von dir auf dem Weg zurück nach Südholland eine ganze Menge über Schiffsführung, Navigation und so gelernt. Aber du hast uns nie examiniert, nie den Lehrer heraushängen lassen. Auch ohne das ganze Kursus-Brimborium bekam ich jedenfalls eine Menge mit. Einfach en passant. Mich hat's jedenfalls beeindruckt. Deshalb habe ich sofort zugesagt, als Bert Heinrichs diesen Perfektionskurs anbot und ich hörte, daß du Skipper sein würdest."

Jetzt mußte ich lachen. „Denken die anderen genauso darüber?"

„Keine Ahnung", entgegnete er. „Frag sie selber. Was ist eigentlich zwischen dir und Thea?"

Ich wirbelte herum und wäre beinahe meinem Vordermann aufgefahren. „Mit mir und Thea?" stotterte ich.

„Wie in Dreiteufelsnamen kommst du denn auf diese Schnapsidee?"

Tommy lachte und knuffte mich anzüglich in die Seite. „Komm, komm, alter Schwerenöter. Daß zwischen euch mal was gelaufen ist, das sieht doch ein Blinder. Was sich liebt, das neckt sich."

„Ich glaube, bei dir piept's wohl", schnorchelte aus dem Fond eine liebreizende Stimme.

Ha, dachte ich. Das war wohl nichts, mein Junge! Wie schön, daß sich auch die Jugend mal täuschen kann!

Bevor wir auf die Fähre einschiffen konnten, stiegen wir in Calais noch einmal aus und ließen Murkel die Pfoten vertreten. Wir hatten noch ein bißchen Zeit. Während Tommy und Charly die Tickets für die Überfahrt besorgten, ging ich mit den beiden Mädels zum Kai. Von der Landzunge zwischen Arrière Port und Basin des Guerlettes aus konnte man das Einlaufen der Fährschiffe und der Sportboote ziemlich gut beobachten. Gerade machte sich eine P&O auf, den Fährsteiger zu verlassen, während sich von Westen ein Schiff der Stena-Line näherte. Und in diesem Moment versuchte eine Yacht in den Hafen einzulaufen. Ich warf einen Blick über meine Schulter auf die Lichtzeichenanlage. Dreimal rot. Klar, denn sonst gäbe es in der Hafeneinfahrt den Crash des Jahrhunderts. Die Stena-Fähre stoppte ihre Fahrt im Priel bereits deutlich ab. Nur die Yacht hielt unbekümmert und stur Kurs auf die Einfahrt zwischen den zangenförmigen Wellenbrechern. Noch während das Schiff der P&O im Vorhafen drehte, stieß sein Typhon mehrere Warnsignale aus. Ich schüttelte verständnislos den Kopf. Der Typ auf der Yacht mußte wahnsinnig sein. Die beiden würden sich genau zwischen den Molenköpfen treffen.

„Sag mal", bemerkte Candida. „Ist das nicht ein wenig gefährlich, was die auf der Segelyacht da treiben? Also, ich würde lieber draußen abwarten."

„Befände sich Thea an Bord, dann wäre der Steuermann jetzt schon ein toter Mann."

„Wieso?"

„Voriges Jahr habe ich Theas Angst vor Berufsschiffen zweimal kurz hintereinander ziemlich hautnah genießen dürfen. Einmal vor Hoek van Holland, ein anderes mal beim Einlaufen nach Scheveningen."

„Das war ja wohl was ganz anderes", begehrte die Rothaarige auf.

„Was anderes? Dann schau mal genauer hin. Vor Hoek hatten wir hundert Meter Platz. Hier geht es beinahe um Zentimeter."

Wir starrten wieder über die Brüstung am Kai. Die Segelyacht näherte sich der Einfahrt aus Richtung Dünkirchen, mußte also, um die Steuerbordseite des Fahrwassers einzuhalten, dieses beim Einlaufen erst einmal überqueren. Der Skipper hatte es beinahe zur Hälfte geschafft und stand jetzt praktisch in der Mitte zwischen beiden Wellenbrecherköpfen, als die dunkelblaue P&O herausschoß. Auch ohne Fernglas ließ sich unschwer erkennen, daß an Bord der Yacht Zustand herrschte. Zwei aus der Crew stürzten an den Mast und zerrten das noch gesetzte Großsegel herunter. Der Steuermann gestikulierte wild in der Luft herum und gab gleichzeitig Gas, daß schwarze Qualmwolken aus dem

Auspuff quollen. Zum Glück riß er wenigstens die Pinne in die richtige Richtung herum. Zwischen beide Fahrzeuge paßte allenfalls noch die sprichwörtliche Briefmarke, als der Kapitän sich freie Bahn verschaffte. Ich kannte Fährschiffkapitäne von früheren Törns. Das waren rauhe Gesellen, die auf Sportboote etwa soviel Rücksicht nahmen wie auf seekranke Deckspassagiere. Das Segelboot krängte in der Hecksee des Fährschiffes mehrmals hin und her, wobei es weit überlegte. Aber bereits kurze Zeit später drehte der Skipper auf dem Teller und nahm ein zweites Mal Anlauf. Doch jetzt schien er die schneeweiße Stena übersehen zu haben, die von Westen her Kurs auf die Wellenbrecherköpfe nahm. Mit lautem Tuten und einem rüden Fluch des Kapitäns, den man über die Außenlautsprecheranlage der Fähre bestimmt bis in die Stadt hören konnte, schob er den offensichtlichen Badewannenkapitän einfach beiseite. Als die Yacht schließlich in den Vorhafen einlief, stand bereits ein Bediensteter von Port Control am Kai und ordnete das unverzügliche Erscheinen des verantwortlichen Schiffsführers in der Kommandantur an. Thea, Candida und ich starrten gebannt nach unten, wo vier unglückliche und sichtlich genervte Segler auf ihrem schwimmenden Untersatz über das graubraune Wasser in Richtung Schleuse tuckerten. Plötzlich begann Thea laut aufzulachen. Ich sah sie fragend an.

„Brauchst du eine Brille? Sieh mal genauer hin. Erkennst du nicht den Mann an der Pinne?"

Ich folgte ihrer Aufforderung und fiel einen kurzen Augenblick später in ihr Gelächter ein. Ich winkte nach unten.

„He, Schulze!" brüllte ich. „Tolle Vorstellung! Lernt man sowas in euren Segelkursen?"

Unsere gelassene Freude wich jedoch bereits wenige Minuten später tiefer Nachdenklichkeit. Tommy und Charly erschienen mit den Tickets. Aber sie machten ziemlich betroffene Gesichter.

„Was ist euch denn über die Leber gelaufen?" fragte ich leichthin, während Thea versuchte, ihren vierbeinigen Schützling, der wie wild an seiner Leine zerrte, in Schach zu halten.

Charly drückte mir die Unterlagen in die Hand. „Wir haben ein kleines Problem. Als wir uns nach dem Ticketpreis für Murkel erkundigten, wären wir beinahe noch im Schaltergebäude verhaftet worden. Die Einfuhr von Haustieren nach England steht wegen der panischen Angst unserer westlichen Nachbarn vor Tollwut in der Rangfolge der Kriminalität direkt hinter Verarschung der Königin und Polizistenmord."

Ach, du Scheiße! Pardon, aber das mußte mal gedacht werden. Das hatte ich im Eifer der Vorbereitungen ja völlig übersehen! Klar, Murkel war schließlich Haustier der Gattung Hund. Und vor Haustieren, die vom Kontinent kamen, hatten die Briten ähnlich Manschetten wie vor einem atomaren Erstschlag der Sowjets zur Zeit des Kalten Krieges. Warum ich daran nicht gedacht hatte! Jetzt saßen wir aber gehörig in der Tinte. Was stellten wir jetzt bloß mit dem kleinen Kerl an?

„Was soll das denn bedeuten?" fragten Candida und Thea beinahe gleichzeitig.

„Ganz einfach", konstatierte Tommy und deutete auf ein Faltblatt, das ihm anscheinend von dem Schalterbeamten ausgehändigt worden war. Es strotzte förmlich vor Begriffen wie „Caution! Danger! Penalty!"

„Entweder bleibt Murkel auf dem Festland, oder er muß in England in Quarantäne", fügte er hinzu.

„Wie, Quarantäne?" ereiferte sich die Hundebesitzerin.

„Na, in einen Zwinger. Irgendwann kannst du dann nochmal rüberfahren und ihn auslösen."

Thea griff nach unten und nahm den strampelnden Terriermischling schützend auf den Arm.

„Nur über meine Leiche!" funkelte sie uns an.

„Und nu?" fragte Charly.

„Wie, und nu?" wiederholte ich ziemlich dümmlich. Diesmal wollte mir auf Anhieb partout keine Lösung einfallen. Jedenfalls keine, die Thea gefallen hätte.

Charly zeigte sich pragmatisch. „Murkel muß in Frankreich bleiben. Wir sehen uns gleich nach einer Hundepension um", schlug er leichtsinnigerweise vor. Er lernte in einem Blitzkurs, wie schnell man Persona-non-grata werden konnte.

Murkel begann zu jaulen. Wahrscheinlich fühlte er sich in Theas Umklammerung gar nicht mehr wohl. Die ehrwürdige Mutter machte auf mich plötzlich den Eindruck einer Mischung aus Jeanne d'Arc und einem rotgetönten Erzengel Michael.

„Elender Tierquäler! Herzloser Verbrecher! Ignorant! Kommt nicht in Frage! Dann fahre ich eher mit der Bahn wieder zurück!" Candida nahm Thea beiseite und versuchte zu beschwichtigen, aber Thea blieb stur. Dann mischte sich auch noch Waldemar ein. Das stachelte unsere Theologiestudentin und neuerdings selbsternannte militante Tierschützerin erst richtig auf. Sie empfand mit einem Mal alle tröstenden Worte der anderen als heimtückische Attacke auf Murkels Leben.

In diesem Augenblick nahm mich Tommy beiseite. „Sag mal, Peter, wie lange bleiben wir eigentlich in England?"

Ich schaute in harmlos blickende Dackelaugen. „Wenn wir das Boot übernommen haben, segeln wir gleich hinüber zu den Kanalinseln und dann weiter nach Frankreich. Warum?"

„Ganz einfach", meinte er so beiläufig, als wollte er sich nur eine Pizza bestellen. „Wir schmuggeln ihn einfach ein. Murkel ist doch wohl wegen Tollwut geimpft, nicht wahr? Also kann uns zumindest moralisch keiner einen Vorwurf machen. Was können wir denn dafür, wenn diese Hinterwäldler auf der Insel uns nicht glauben, daß ein geimpfter Hund gar keine Tollwut einschleppen und übertragen kann."

„Wie, einschmuggeln?" fragte ich. Ich konnte mir beim besten Willen nicht vorstellen, wie wir das bewerkstelligen sollten.

„Naja", meinte er und senkte verschwörerisch seine Stimme. „Wir müßten Murkel nur irgendwie zum Schweigen bringen. Wenn wir in eine Kontrolle geraten und Murkel bellt herum, dann freilich gute Nacht! Dasselbe gilt natürlich auch für das Gassi-Gehen. Wir müssen bloß bis zum Aufbruch mit dem Boot in Hamble höllisch aufpassen, daß keiner Murkel entdeckt."

„Und wie willst du ihn zum Schweigen bringen?" wollte ich wissen. „Du wirst gevierteilt, wenn du Murkel auch nur ein Haar krümmst."

„Null Problemo", antwortete er. „Thea müssen wir allerdings einweihen. Sonst würde sie sich über das veränderte Verhalten ihres Schoßhundes ziemlich wundern."

„Was hast du vor?"

„Bier", antwortete er leichthin. „Hunde stehen alle auf Bier. Wenn Murkel erst einmal eine Flasche Stout, Bitter oder Lager intus hat, dann pennt der wie ein Alkoholiker nach einem Einbruch in einen Schnapsladen."

„Ist das nicht zu gefährlich?" fragte ich nachdenklich.

„Nö." Er lachte. „Wir zwingen ihn ja nicht. Was ein Tier freiwillig säuft, schadet ihm auch nicht. Meine Eltern hatten einen Dackel. Der trank jeden Morgen Kaffee und jeden Abend Bier. Dazu leckte er die Pfeifenfilter meines Vaters ab, wenn sie ihm mal auf den Boden fielen. Unser Hund ist trotz latenter Drogensucht vierzehn Jahre alt geworden. Der war bis kurz vor seinem Ableben fit wie ein Turnschuh."

„Na, dann Hallelujah", stöhnte ich auf. „Aber du bringst das Thea bei, klar?"

Als wir auf dem Parkdeck im Innern der Fähre den VW-Bus verließen, lag ein sturzbetrunkener Vierbeiner laut schnarchend unter einer Wolldecke. Thea staunte nicht schlecht, wieviel Dosen Bier Murkel in kürzester Zeit verputzte. Das war kein Hund, das war ein Schwamm! Schließlich konnte er nicht einmal den niedrigen Einstieg in den Großraumkombi entern, so sehr schwankte das Tier beim Laufen. Was heißt hier laufen? Den Rest der Strecke vom Hafen bis zum abgestellten Wagen mußte Thea ihren Murkel tragen. Im Wagen jaulte er ein bißchen herum, aber es klang eher wie der Versuch eines bierseligen Terriermischlings zu bellen. Schließlich kippte er um, rülpste mehrmals vernehmlich und ratzte, daß wir Angst bekamen, man würde sein Sägen bis nach draußen hören.

Wir besorgten im Duty-Free zollfreie Spirituosen, zwei Paletten Whitbread-Bier (was Weltumsegler bevorzugen, schmeckte bestimmt auch einem Terriermischling) und begaben uns auf das Aussichtsdeck. Angesichts der weißen Schaumkronen auf den Wellenköpfen und der schiefergrauen See wurden Candida und Thea ein wenig einsilbig. Vielleicht lag es aber auch nur daran, daß man das Schaukeln des Schiffes hier oben auf dem Aussichtsdeck besonders stark empfand.

Die erste Begegnung der dritten Art hatte ein Brite, während wir durch Brighton dieselten. Als wir an einer Ampel nach dem Weg fragten und sich ein hilfsbereiter Einheimischer ein wenig zu lange mit Thea unterhielt, kroch Murkel aus seinem Wolldeckenversteck hervor, um den Grund für diese seltsamen Sprachgeräusche zu erkunden.

„Wau!" machte Murkel.

„Aaahhh!" stieß der Brite voller Entsetzen aus und zuckte zurück, wobei er beinahe von einem vorbeiradelnden Fahrradfahrer übergemangelt worden wäre. Er machte den Eindruck, als hätte er zum ersten Mal in seinem Leben ein Gespenst gesehen. Komisch, Engländer müßten ungewöhnliche Begegnungen doch gewohnt sein. Wozu pilgern jährlich tausende Menschen zum Loch Ness? Was erwarten die denn?

Während er fassungslos mit dem ausgestreckten Finger hinter unserem Wagen herdeutete, machten wir, daß wir so schnell wie möglich wegkamen. Bis Chichester jagten wir im Tiefflug über die A 27, immer mit der bangen Vorstellung vor Augen, gleich in eine Polizeisperre zu geraten und anschließend wie Billy the Kid und seine Kumpels am nächsten Baum aufgeknüpft zu werden. Wir waren uns nicht ganz sicher, ob in England die Todesstrafe inzwischen abgeschafft worden war oder nicht. Vor Portsmouth machten wir einen Abstecher nach Hayling Island, ließen Murkel in einem Gebüsch kurz Gassi gehen und füllten ihn erneut mit herrlich frischem Whitbread ab. Ab Portsmouth schnorchelte er schon wieder selig wie ein Stadtstreicher unter seiner Wolldecke.

Die wirklichen Probleme begannen jedoch erst, als wir versuchten, in Hamble unseren Makler Mr. Brown von Hamble Boatyard Ltd. zu erreichen. Hamble ist ein sauberes, aber ziemlich unscheinbares Dörfchen an der Westseite des gleichnamigen Flusses. Am Hamble gibt es vier große Yachthäfen: Swanwick Marina, Mercury Yacht Harbour, Port Hamble und eben Hamble Point Marina, praktisch an der Mündung des Hamble in das Southampton Water. Hier sollte die Voyage, die von Bert Heinrichs erworbene 12-Meter-Yacht, liegen. Das Büro von Mr. Brown in Hamble Point Marina war geschlossen. Also stiegen wir wieder alle in den VW-Bus und fuhren zurück in den Ort. Doch die dortige Dependance war ebenfalls zu. An der Fensterscheibe hing ein Zettel. Interessenten sollten sich beim Harbour Master von Hamble Point melden. Also das ganze retour und wieder zurück zum Yachthafen. Inzwischen kurvten wir beinahe schon eine Stunde durch die Gegend, waren hungrig, durstig und müde und hatten noch absolut nichts erreicht.

Zu viert, Thea blieb bei Murkel, Candida leistete ihr Gesellschaft, stürmten wir die Metalltreppe zum Chandlery Building empor. Oben angekommen empfing uns eine typisch britische Kühle. Und die rührte nicht nur von der Klimaanlage her. Die verstärkte sich noch, als wir andeuteten, daß wir ein Boot von Hamble Boatyard Ltd. übernehmen sollten.

„Hamble Boatyard?" fragte die Dame an der Rezeption einsilbig und machte ein Gesicht, als hätte ich ihr gerade eben ein eindeutig-zweideutiges Angebot unterbreitet. „Wie kommen Sie darauf, daß sich die Firma in diesem Gebäude befinden soll?"

„Hamble Boatyard unterhält ein Büro im Ort. Es ist geschlossen. Stattdessen fanden wir einen Hinweis, wir sollten uns beim Hafenmeister melden. Der war jedoch nicht in seinem Büro. Ein junger Mann verwies uns an Sie."

„Pardon, Sir, aber wir haben mit Hamble Boatyard überhaupt nichts zu tun. Und den besagten Mr. Brown habe ich schon seit Wochen nicht mehr gesehen. Suchen Sie eine Yacht? Wir haben da eine ganze Reihe Angebote."

Ich atmete tief durch. Sonderlich beunruhigt war ich jedoch noch nicht, denn von Gernot wußte ich, daß sich Schiffsübernahmen im Ausland durchaus ein wenig schwierig darstellen konnten.

„Haben Sie eine Idee, wie ich diesen Mr. Brown erreichen kann?"
Die Empfangsdame im Chandlery Building schüttelte ihren
Kopf, ohne auch nur einen Blick in den Karteikasten auf ihrem
Schreibtisch geworfen zu haben. Komisch. Sonst waren Eng-
länder gegenüber Ausländern immer so hilfsbereit. Da stimmte
doch etwas nicht!

Kurze Zeit später standen wir draußen in der Nachmittagssonne
und überlegten, was wir machen sollten.

„Am besten wird es sein, du rufst sofort den Heinrichs an", riet
Charly.

Ich schüttelte den Kopf. „So schnell geben wir nicht auf. Jetzt suchen wir erst einmal die Stege ab und schauen in Ruhe nach, wo
die Yacht liegt. Wenn die auch nicht da ist, dann ist immer noch
Zeit, Happy Cruising zu informieren."

Wir tippelten in zwei Gruppen los. Ich suchte mit Waldemar die
südlichen Stege ab, Tommy kam uns mit Charly von Norden aus
entgegen.

„Fehlanzeige", keuchte Tommy und wischte sich den Schweiß
von der Stirn. „Ob der Heinrichs einem Betrüger aufgesessen
ist?"

Ich schaute auf den Fluß hinaus. Prima. Das erste Auslands-
kommando, und schon erlitt ich Schiffbruch. Das durfte doch
wohl nicht wahr sein! Ich hatte immer noch die Hoffnung, daß
der ehrenwerte Mr. Brown irgendwo anders in irgendeinem Büro
saß und nur darauf wartete, uns das Boot auszuhändigen. He,
was ist das, schoß es mir durch den Kopf. Da draußen im Fluß lagen ja Boote an Muringbojen. Ob die Voyage vielleicht darunter
zu finden war?

Waldemar fackelte nicht lange, sondern borgte sich bei einem
Jungen im Hafen seinen Gummischlaucher aus. Wir paddelten
die Bootsreihe entlang und fanden die Voyage schließlich an einer der Bojen. Lediglich zwei Dinge störten: Der Mast lag auf
dem Deck und vorne war der Bug mit der Boje durch eine stabile
Edelstahlkette verbunden. Mir schwante Übles.

Zurück am Kai trommelte ich die anderen beiden zusammen.

68

„So wie es aussieht, liegt die Voyage an der Kette."

Charlie, unser Frankfurter Juppie, schien sich in diesen Dingen berufsbedingt auszukennen. „Wenn wir ganz großes Pech haben, ist die Firma des sauberen Mr. Brown pleite, und die Yacht gehört bereits zur Konkursmasse. Dann kommen wir an das Boot nicht mehr heran, und Bert Heinrichs kann seine bereits entrichtete Kaufsumme in den Wind schreiben. Konkurs ist Konkurs. Da spielt es keine Rolle, ob ein Boot bereits bezahlt worden war oder nicht. Auf diese Weise haben schon Tausende ihr Vermögen verloren. Deshalb laufen in Deutschland Geschäfte dieser Größenordnung nur noch per Bankbürgschaft. Wenn wir Glück haben, hat Mr. Brown jedoch lediglich vergessen, die Liegeplatzgebühren zu entrichten."

Auf dem Weg zurück zum VW-Bus kam uns ein Mann auf einem Fahrrad entgegen. Er trug einen Overall mit der Aufschrift eines Motorenherstellers. Er schien aus dem Hafen zu sein. Ich hielt ihn an und fragte ihn nach Mr. Brown und nach der Firma Hamble Boatyard Ltd. Der Monteur schaute uns bedauernd an.

„Hamble Boatyard? Ist das nicht die Firma, die Pleite gemacht hat? Übermorgen um elf Uhr soll hier im Hafen jedenfalls eine Zwangsversteigerung stattfinden."

„Wie können wir Mr. Brown erreichen?" fragte ich zappelig. Meine Stimme klang auf einmal rauh und kratzig. Mir wäre lieber gewesen, Bert Heinrichs hätte sich um alles Weitere kümmern können.

„Wenn überhaupt, dann in Southampton. Er besitzt dort noch ein Büro und zwar in der Ocean Village Marina. Ich habe schon häufig dort Schiffe für ihn überholt. Brauchen Sie seine Adresse und Telefonnummer?"

Als wir zusammen mit dem schon wieder stark angetörnten Murkel, der zwischen den hinteren Sitzbänken herumschnarchte, gegen elf Uhr mittags in Hamble ankamen, lag der größte Teil der Feinarbeit hinter uns. Wir waren noch am gestrigen Abend nach Southampton gefahren, hatten dort im Polygon, einem uralten Hotelkasten direkt an den Docks, drei Zimmer gemietet und

uns anschließend in der Nähe von Town Quay die Bäuche vollge-
schlagen. Nebenbei sondierten Waldemar, Tommy und ich schon
einmal die Lage. Mr. Browns Büro befand sich im Obergeschoß
eines Geschäftsgebäudes direkt am Hafen. Ocean Village Marina
lag strategisch günstiger als Hamble Point. Dort konnte man im
Schutze der Dunkelheit ungesehen zwischen den ein- und auslau-
fenden Schiffen verschwinden. Zu dumm, daß die *Voyage* nicht
hier lag.

Am darauffolgenden Morgen schickten wir die Mädels zusammen mit Charly und Waldemar in die Stadt zum Einkaufen.
Charly freute sich auf die Girls von Southampton, Waldemar auf
ein Tête-à-Tête mit Candida, Thea und Candida auf einen Bum-
mel durch das Bargate Shopping Center und Murkel auf die
nächste Dröhnung Whitbread. Langsam begann ich mir um den
kleinen Kerl ernsthaft Sorgen zu machen. Sein müdes Bellen hörte sich nämlich beinahe schon wie ein unanständiges Dauer-
rülpsen an. Ich war gespannt, ob sich unser Bordvierbeiner überhaupt noch auf Entzug bringen ließ.

Tommy und ich enterten also gegen neun Uhr Greenwich
Meantime das Maklerbüro in Ocean Village. Hier nannte sich
die Firma allerdings nicht Hamble Boatyard sondern Ocean
Boatyard. Besitzer war auch kein Mr. Brown sondern eine Mrs.
Brown. Wie geistreich! Neues Spiel, neues Glück, oder wie?

Am Empfang von Ocean Boatyard saß eine aufgedonnerte
Blondine, die vor gar nicht allzu langer Zeit noch brünett gewesen sein mußte. Jedenfalls erkannte man das ziemlich unschwer
an dem dunklen Haaransatz. Wir ließen uns in der schweren
Ledergarnitur nieder, während ich der Frau unser Anliegen erklärte. Von der Geschäftsführung war angeblich zur Zeit niemand in Southampton erreichbar, bedauerte die Frau. Ich bedauerte auch, zudem ich Ocean Boatyard sämtliche Hotel-,
Anwaltskosten und eine saftige Konventionalstrafe androhte, sofern man uns nicht die *Voyage* aushändigte, die ja abreisebereit am
Kai von Hamble Point im Wasser lag. Das war zwar gelogen, mir
jedoch im Moment ziemlich egal. Die Frau jammerte, daß sie un-

möglich mit uns das Boot abnehmen und an uns übergeben konnte, da sie das Büro nicht verlassen durfte.

„Wir übernehmen das Boot auch ohne Abnahme vor Ort", behauptete ich kühn. „Aus Ihren Unterlagen können Sie entnehmen, daß Mr. Heinrichs bereits die Kaufsumme an Mr. Brown überwiesen hat. Ich bin autorisiert, das Boot zu überführen. Hier sind meine Papiere und meine Legitimation. Sie brauchen nur noch das Abnahmeprotokoll zu unterzeichnen, und schon sind Sie uns los."

Als wir anschließend laut lachend die Treppe hinunterpolterten, kamen wir uns vor wie die Schurken in Rififi. Aber wir waren nicht die einzigen, die grinsten.

Zwölf Stunden später und genau zwölf Stunden vor der angeblich anberaumten Zwangsversteigerung in der Hamble Point Marina schlichen vier Männer und zwei Frauen zusammen mit einem in eine Reisetasche gepackten alkoholsüchtigen Terriermischling über das Hafenterrain von Hamble Point Marina. In einer Schubkarre schoben sie Schlafsäcke und Reisetaschen vor sich her.

An der gegenüberliegenden Gebäudereihe blitzte eine Taschenlampe zweimal auf. Die Luft war rein. Wir atmeten tief durch und liefen geduckt über die ungeschützte Betonfläche. Ich kam mir langsam vor wie in einer schlecht gedrehten Agentenkomödie. In der Tat. Wenn man uns bei dem erwischte, was wir jetzt vorhatten, waren jedem von uns zwei Jahre gesiebte Luft sicher. Vortäuschung falscher Tatsachen, Erschleichung beziehungsweise Diebstahl einer beschlagnahmten Sache, Siegelbruch, Einschleppung eines unerwünschten Vierbeiners, Drogenmißbrauch. Murkel war bestimmt mit dran. Aber das interessierte mich schon lange nicht mehr. Tommys lockere Art, Recht und Gesetz auf eine recht unkonventionelle und eigensinnige Weise auszulegen, färbte rasch ab. Ich sollte im eigenen Interesse nicht allzu viel Freizeit mit ihm verbringen. Waldemar fühlte sich mehr als unwohl in seiner Haut. Ihm als unkündbaren Verwaltungsangestellten war das hier alles mehr als suspekt. Und Thea, die sich noch kurz vor der nächtlichen Aktion mit Hilfe von Charlys Glenmorangie-Flasche Mut angetrunken hatte, faselte ständig etwas von den zehn Geboten, von schrecklichen Todsünden und vom ewigen Fegefeuer. Mit ihr mußte ich bald mal ein ernsthaftes Vater-Tochter-Gespräch führen. Als Vierundzwanzigjährige sollte man höchstens Trost in der Bibel und nicht etwa in Single Highland Malt Whisky suchen.

Der Gummischlaucher lag immer noch an derselben Stelle. Die *Voyage* zupfte in der Nähe der Krananlage an der Kette, die sie mit der Muring verband. Ein ausgeprägter Landwind deutete die nächtliche Thermik an. Die schwere Yacht dümpelte träge auf dem River Hamble hin und her. Sich kräuselnde Wellen klatschten gegen den Kunststoffrumpf. Tommy und ich schoben den Schlaucher vorsichtig in das langsam stromab fließende Wasser und sprangen hinein. Nach ein paar Augenblicken erreichten wir die Badeleiter, banden das Beiboot fest und kletterten so leise wie möglich in die Plicht. Ich öffnete das Schiebeluk. Ein säuerlicher Gestank drang nach oben.

„Um Himmelswillen!" stöhnte Tommy auf. „Haben die da unten eine Leiche liegen gelassen?"

Ich winkte ab. „Keine Panik. Boote, die längere Zeit und unbewohnt im Salzwasser lagen, riechen immer im ersten Moment etwas streng. Wenn erst mal gelüftet ist, riechst du nichts mehr."

„Dein Wort in Gottes Ohr", murmelte Tommy und schlich auf das Vorschiff.

Ich schwang mich in den Salon. Aber, hallo! Das roch aber wirklich nicht gerade nach Lavendel! Meiner Treu, was hatten die denn zuletzt an Bord bloß gekocht? Oh, Himmel! Mir schwante Fürchterliches. Ich drehte mich um und lüftete vorsichtig den Deckel der Eisbox. Beinahe ohnmächtig geworden, ließ ich sie sofort wieder zurückfallen. Oh, nein! Das fehlte noch! Da hatte jemand, bevor er das Boot dem Makler übergab, in der Kühlbox einen Sack voll Muscheln vergessen!

Ich hustete und würgte. Nur raus hier! Mit einem Griff drehte ich den Hauptschalter für die Batterien um. Teufel! Nichts! Kein

Saft! Unser schöner Plan drohte im letzten Augenblick ins Wanken zu geraten. Wie sollten wir uns von hier aus bloß ohne Motor verdrücken?

Ich kletterte wieder nach oben und schlängelte mich am Mast, der zwischen Bugkorb und Heckkorb aufgeprallt war, vorbei nach vorne. Dort hantierte Tommy mit einem zangenähnlichen Gegenstand im Halbdunkel. Beim Näherkommen erkannte ich einen Seitenschneider. Ich hätte zu gerne gewußt, wo er dieses Werkzeug, das sich erfahrungsgemäß ziemlich gut zum Durchtrennen von Edelstahlketten eignete, so schnell noch hatte auftreiben können. Wir beratschlagten kurz, was wir machen konnten. Mein Plan war, das Boot mit Hilfe eines Seils von Muring zu Muring bis in die Box am Kran zu verholen und dort den Mast mit Hilfe des Krangestänges aufzuriggen. Ohne Strom kein Motorstart und ohne Motor folglich kein Wegkommen. Es sei denn unter Segel. Aber dazu mußte natürlich erst einmal der Mast stehen.

„Meinst du, das funktioniert?" fragte er zweifelnd, als er vergeblich versuchte, den Mast anzuheben. „Ganz schön schwer, das Ding."

„Da hast du recht, alter Freund", antwortete ich. „Wir müssen nur mit der Rollreffanlage vorsichtig sein. Ein dermaßen empfindliches Profil kann schnell brechen. Aber wegen der Topptakelung ist das Mastaufrichten kein so großes Problem."

Eine Viertelstunde später lagen wir in der von Betonmauern eingerahmten Box unterhalb des 50-Tonnen-Hublifts und machten uns ans Werk. Die *Voyage* hatten wir gemeinsam mit Hilfe des sechzig Meter langen Ankertaus und diverser Festmacher zum Ufer gezerrt. Während ich die Wanten und Stage sortierte und bereits die Spannschrauben an Deck befestigte, kümmerten sich Charly, Tommy und die beiden Mädels um das Ankertau und warfen es über den Kranausleger. Dabei hatten wir unheimliches Glück, denn das Werftpersonal hatte den Plateaukran nach dem letzten Gebrauch nicht vollständig an Land zurückgefahren. Er ruhte noch in dem Schienengestänge über der Box. So konnte ich die *Voyage* genau unter den horizontalen Querausleger bugsieren und besaß damit ein festes Widerlager für die Leine zum Aufriggen des Mastes. Zur gleichen Zeit hörte ich im Innenraum Waldemar fluchen. Mein Motorenspezialist kümmerte sich nämlich zwischenzeitlich um die Bordelektrik. Und das im Schein einer immer schwächer werdenden Taschenlampe.

„Hiev ho!" feuerte ich halblaut meine Mannschaft an. Langsam, unendlich langsam hob sich der Mast in Höhe der Salinge an.

„Weiter! Gut so!"

Die beiden Männer zogen jetzt kräftig durch. Während Thea und Candida darauf achteten, daß sich die Wanten, die den Mast abstützten, nicht in den Terminals oder mit den Spannschrauben in den Püttings verhakten, bugsierte ich die lange, inzwischen senkrecht aufgerichtete Aluminiumröhre genau über den Mastfußbeschlag. Zehn Minuten später konnte ich das Kommando zum Einholen der Jütt geben.

„Murkel! Verdammt, du blöder Köter! Murkel! Kommst du jetzt sofort her!"

„Was ist denn los?" stieß Waldemar halblaut aus. „Sei ruhig! Du weckst noch den ganzen Hafen auf mit deinem Geschrei!"

„Murkel ist stiften gegangen", beklagte sich Thea und hielt die Leine mit dem leeren Halsband anklagend in die Höhe.

„Dieses Mistviech!" knurrte Charlie. „Ich hätte ihm doch noch eine Dröhnung Whitbread verabreichen sollen."

„Nicht zu ändern", meinte ich. „Los, fangt ihn ein. Wahrscheinlich ist er bloß froh, daß er sich endlich mal die Beine vertreten kann. Der ist schließlich seit Calais nicht mehr ans Laufen gekommen. Aber macht fix. Wenn uns einer erwischt, dann gute Nacht, Marie!"

Candida und Thea liefen los. Murkel ließ sich in aller Gemütsruhe mitten auf dem Abstellplatz für Boote nieder. Dann wartete er ab, bis die beiden jungen Frauen auf zwei Schritte herankamen und wetzte wieder los, Thea und Candida ihm atemlos auf den Fersen.

„Wie sieht's aus, Waldemar?" fragte ich nach unten in die Kajüte.

Waldemar kletterte nach oben und streckte seinen Kopf durch den Niedergang.

„Hanoi", murmelte er. „Wie soll's halt aussehen? Schlecht schaut's aus. Die Batterien sind praktisch komplett leer. Um die aufzuladen, braucht's Stunden. Falls sie nicht ohnehin schon der Tiefstentladung zum Opfer gefallen sind. Aber das ist nicht das Schlimmste, finde ich, denn riechen tut's hier unten wie in einer Abdeckerei. Wer im Salon schläft, der ist morgens an einer Methangasvergiftung erstickt. Meiner Treu, wo kommt das bloß her?"

„Ach je, die Muscheln", rief Tommy. „Die müssen wir unbedingt noch irgendwie loswerden."

„Bis zum Mülleimer mußt du quer über den ganzen Vorplatz laufen. Bis dahin bist du ohnmächtig."

Tommy zog sein T-Shirt aus, band es sich vor das Gesicht und kletterte nach unten. Zehn Sekunden später stand er keuchend und würgend an der Reling und ließ die Muschelschalen aus der Plastiktüte in das Hafenbecken purzeln. Die Tüte knüllte er anschließend zusammen und stopfte sie zwischen zwei Metallstreben des Plateaukrans.

„Und was ist mit Umweltverschmutzung?" fragte ich grinsend.

„Sollen sich die Haie darum kümmern", brummte Tommy und roch naserümpfend an seinem T-Shirt. Schaudernd stopfte er es neben die Plastiktüte.

„Böser Hund!" schimpfte unterdrückt eine Stimme in der Dunkelheit. „Böser, böser Hund!"

Ich sah, wie zwei große und eine kleine Gestalt um die Ecke bogen.

„Los! Aufbruch!" rief ich halblaut.

„Du meinst wohl ablegen, oder?" erkundigte sich Candida.

„Ja, wieso?" fragte ich erstaunt.

„Pardon. Im Handbuch lautet für diese Fälle das Kommando: „Klar zum Ablegen!"

„Vergiß dein Handbuch! Da steht auch nicht drin, wie man einen Mast ohne Kran stellt und wie man ein Boot vor dem Konkursverwalter rettet, oder? Und das auch noch nur unter Segel und in stockfinsterer Nacht."

Candida lachte. „Na, dann: Mast- und Schotbruch!"

„Mal den Teufel nicht an die Wand!"

„Was geht hier vor?" bellte eine Stimme. Ein starker Handscheinwerfer flammte auf. Murkel begann zu knurren. Ich stöhnte innerlich auf. Aus! Alles aus! Verdammt! Wir waren so dicht am Ziel.

„Ja, bitte?" murmelte ich.

„Kommen Sie mal vor!" knurrte die Stimme und strahlte mich mit dem Handscheinwerferkegel an.

Ich gehorchte, warf Thea, die Murkel unten im Salon atemlos hockend die Schnauze zuhielt, einen warnenden Blick zu und kletterte schließlich nach vorne zum Bugkorb, wo die *Voyage* dicht unterhalb der Betonmauer dümpelte. Vor mir stand breitbeinig der Hafenmeister, die linke Faust in die Hüfte gestemmt, mit der rechten Hand die Lampe festhaltend.

„Was machen Sie auf der Yacht, mein Herr? Das Boot ist verkauft!"

Oh, oh! Sollte sich überraschend eine Möglichkeit ergeben, aus der Bredouille herauszukommen?

„Yes, Sir!" antwortete ich so zackig, wie ein Corporal in der amerikanischen Navy. „Von Mr. Brown in Southampton an Mr. Heinrichs in Deutschland."

„Oh, Sie kennen Mr. Brown?" fragte der Hafenmeister. Sein Gesicht blieb jedoch ausdruckslos. An seinem Gürtel quäkte ein Walkie-Talkie auf. Er nahm es in die Hand und brabbelte ein paar Sätze hinein.

„Yes, Sir!" wiederholte ich. „Wir haben das Boot heute übernommen. Ich zeige ihnen gerne die Papiere. Waldemar! Bring bitte mal die Yachtmappe nach oben."

Kurze Zeit später wechselte die Miene des Hafenmeisters von gestreng in belustigt.

„Okay, Mr. Paul", lachte er. „Aber wieso riggen Sie ein Boot mitten in der Nacht auf? Und wieso lassen Sie das nicht die Leute von Ocean Boatyard machen? Ein Werftmechaniker sagte mir, daß in der Kajüte noch aufgeräumt und sauber gemacht werden müßte. Im übrigen bin ich gespannt, ob Sie überhaupt den Motor ans Laufen bekommen. Meines Wissens liegt das Boot schon seit einem Dreivierteljahr ohne Landstromanschluß an der Muring. Wissen Sie, seit sich Mr. Brown vergrößert hat und sein Unternehmen von Southampton aus leitet, kümmert sich meist ein Mechanikerteam der Werft um seine Boote hier im Hafen. Also, mir soll es ja egal sein, aber, ehrlich gesagt, verstehe ich ihren überhasteten Aufbruch nicht."

Eine halbe Stunde später segelten wir schon längst das Southampton Water in Richtung Isle of Wight hinunter. Ich wußte schon wieder nicht, ob ich lachen oder weinen sollte.

Multiple-Choice im Solent

„Autsch! Mein Zeh! Paß doch auf, du Dussel!"

„Selber Dussel! Nun plärr hier nicht herum, sondern hilf mir lieber! Mensch, bist du empfindlich."

„Ich gebe dir gleich empfindlich! Wenn sechzehn Kilo Eisen auf deinen Fuß fallen, dann möchte ich dich mal gerne sehen."

„Seid ihr endlich mit eurer Privatvorstellung fertig da vorne? Habt ihr den Verbindungsschäkel zwischen Anker und Kette kontrolliert? Sonst könnt ihr nämlich gleich hinterherspringen! Und macht zu! Wir treiben schon wieder. Nette Strömung hier in der Bucht!"

Platsch! Der sechzehn Kilogramm schwere CQR versank mit seinem Pflugschar aufspritzend in der schimmernden, pechschwarzen See. Über uns flimmerte das Sternenband der Nordhalbkugel. Weit im Süden lag Dunst auf dem Wasser. Von der Dichte her mochte es bald schon Nebel sein. Jedenfalls konnte man nicht mehr allzu weit sehen. Kein anderes Schiff ließ sich ausmachen. Auch Swanage, der Ort, vor dem wir vor Anker gegangen waren, konnten wir kaum ausmachen. Außer dem Plätschern der See am Bordrand und dem Fluchen der Vordecksmannschaft war es still. Solche Nachttörns mochte ich. Heute nacht hätte ich weder mit einem Boot in der Karibik noch im Mittelmeer getauscht.

Tommy kletterte geschickt zurück in die Plicht, Charly folgte ihm humpelnd. Waldemar hockte am Heck und ließ sich von Thea nach der vorangegangenen Reparaturaktion den Unterarm bandagieren. Aber auch die anderen waren unterwegs fleißig gewesen. Den ganzen Weg quer über den westlichen Solent hatten die Mädels unten in der Pantry verbracht und Unmengen von Bilgereiniger verbraucht, damit man im Salon endlich wieder tief durchatmen konnte, ohne vom Pfefferminzschlag getroffen zu werden. Dafür duftete die Kühlbox jetzt so frisch wie ein Versuchslabor der Firma Hoechst. Hinterher schoren sie zusammen mit Tommy und Charly auf meine Anweisung hin die restlichen Leinen durch die Blöcke, schlossen die Elektrokabel im Mast an und komplettierten das restliche laufende Gut. Ich war heilfroh, daß nicht allzu viel Wind herrschte, denn in stockfinsterer Nacht ließ sich mitnichten feststellen, ob der dreizehn Meter hohe Aluminiumspargel überhaupt gerade stand. Das mußte ich irgendwann bei Tageslicht kontrollieren.

Die Fahrt von Southampton aus westwärts war abgesehen davon, daß wir unter Genua und Großsegel ziemlich rasch mit der Tide, dafür aber mangels Bordstrom praktisch wie ein Geisterschiff dahinsegelten, relativ ruhig verlaufen. Wir mußten halt nur aufpassen, daß wir nicht von den Southampton anlaufenden Berufsschiffen und von den unterhalb der Küste herumtuckernden Fischerbooten untergemangelt wurden. Weil die Taschenlampe schließlich irgendwo oberhalb von Cowes endgültig den Geist aufgab, versuchte ich erst noch am Kartentisch im Licht eines Einwegfeuerzeuges zu navigieren. Nachdem ich mir jedoch innerhalb von zehn Minuten zwanzigmal den Daumen verbrannte, gab ich das Koppeln in der Karte schließlich auf. Wir würden auch so irgendwie den Westausgang des Solent finden. Weil sich der Motor wegen der leeren Bordbatterien nicht starten ließ, kam das Einlaufen in einen engen Hafen zwecks Übernachtung und Proviantauffrischung nur unter Segel mit einer unerfahrenen Crew nicht in Frage. Wir hätten nach Cowes einlaufen können, aber die Strömung war zu stark. Es hätte Stunden gedauert, bis wir nur unter Segel gegen die Strömung aufgekreuzt wären.

„Was ist das denn da vor uns für eine Festbeleuchtung?" wollte Candida plötzlich wissen und deutete auf die funkelnden und blitzenden Lichter im Wasser.

„Frage nicht mich", brummte ich. „Frage deine Mitsegler, Candida. Hat einer der Herren Segelscheineleven unter Umständen einen Vorschlag zu machen?"

„Was weiß ich", antwortete Charly. „Fischerboote, nehme ich an. Vielleicht auch Fähren und Berufsschiffe. Wir sind hier schließlich nicht allein, oder?"

„Der Kandidat erhält null Punkte", erwiderte ich.

„Ist mir doch egal", knurrte Charly. „Bei der Segelscheinprüfung gibt's sowieso keine Nachtfahrt. Und was die Theorie betrifft, da geht's sowieso nur nach der Multiple-Choice-Fragebogenmethode. Und im übrigen brauche ich nur achtzig von hundert Punkten."

„Interessante Einstellung", grinste ich. „Bin mal gespannt, ob dir das weiterhilft, wenn du mal auf dich selbst gestellt mit deinem eigenen oder gecharterten Boot unterwegs bist."

„Nachts segle ich eben nicht", erwiderte Charly trotzig.

„Und was ist, wenn du mal in der Flaute hängenbleibst? Oder wenn du einen weiter entfernten Hafen erreichen willst und durchsegeln mußt?"

„Die Lichter blitzen irgendwie", meinte Candida. „Das können keine Positionslichter von Schiffen sein."

„Irgendwie, ist gut", nickte ich und lachte. „Die Kandidatin erhält schon mal fünfzig von hundert Punkten. Ganz recht hast du nämlich nicht. Die Wasserschutzpolizei führt beispielsweise ein blaues Funkellicht im Einsatz."

„Das sind Seezeichen, stimmt's", warf Candida ein.

„Wenn wir jetzt in der Kajüte eine vernünftige Lichtquelle hätten, dann könntet ihr in der Seekarte nachschauen, um welche es sich handelt. Mal sehen, ob ich es aus dem Gedächtnis zusammenbekomme. Das weiße Licht, das hin und wieder ausgeht, ist das unterbrochene Feuer vom Leuchtturm auf dem Außenende der Needles, dem Felsenriff am Westausgang des Solent. Alles was da vor uns blitzt und funkelt sind Fahrwassertonnen. An Steuerbord seht ihr eine Laterne, die sich in gleichem Rhythmus ein- und ausschaltet. Das ist das Gleichtaktfeuer von Hurst Point."

„Beeindruckend", murmelte Candida. „Ich glaube, sowas behalte ich nie."

„Hört bloß mit der Lobhudelei auf!" knurrte Thea. „Wenn ihr so weitermacht, wird Peter größenwahnsinnig. Alleinstehende Männer neigen zu solchen Regungen."

„Ah, ein Stadtmensch. Paß mal auf, du verlorengegangene Fe-

81

ministin. Spiel hier bloß nicht schon wieder die Emanze, klar? Ist überhaupt die Bilge geschrubbt, Mädel? Wo bleiben eigentlich die Kanapees und die eisgekühlten Drinks? Ziemlich mieses Entertainment auf dieser Kreuzfahrt, findet ihr nicht?"

Ich duckte mich blitzschnell, während eine halbvolle Dose Whitbread, die eigentlich für Murkel gebunkert worden war, dicht an meinem Kopf vorbeiflog. Thea reagierte auf solche Sprüche tatsächlich immer noch so empfindlich wie im vergangenen Jahr, als sie zusammen mit Waldemar und mir auf *Solveig* durch das niederländische Wattenmeer unterwegs war. Nur was das Zielen anging, war sie seit der Winterpause nicht mehr sonderlich in Übung.

„Du enttäuschst mich!" lachte ich.

„Wieso?" fragte sie feindselig.

„Früher hättest du getroffen."

„Ach, nerv' mich doch nicht!"

„Wer nervt denn?"

„Chauvie!"

„Emanze!"

„Macho-Gockel!"

„Renitentes Weibsstück!"

„Fängt das schon wieder an?" stöhnte Waldemar aus der Kajüte heraus. „Ich dachte, ihr beiden könntet euch wenigstens einmal für fünf Minuten vertragen."

„Wo wollen wir denn nun eigentlich hin?" fragte Tommy, als der Hafen von Yarmouth langsam an uns vorbeiglitt. „Also, ich weiß nicht, ob ich es schaffe, mich noch stundenlang wach zu halten. Wenn du heute nacht nach Frankreich hinüber willst, dann mußt du jedenfalls auf mich verzichten." Candida und Charly nickten beifällig.

„Schon klar, ihr Schlafmützen", brummte ich. „Nein, ich will nach Swanage. Das liegt unterhalb von Bournemouth. Wir können dort in der Bucht ankern. Morgen bei Tagesanbruch werden wir, solange es während der Hochwasserzeit die Wassertiefe zuläßt, an die Pier verholen. Ich werde versuchen, die Starterbatterie im Ort bei einer Tankstelle laden zu lassen. Wenn der Motor läuft, erledigt die Lichtmaschine den Rest. Im schlimmsten Fall müssen wir halt neue Akkus kaufen. Zu blöd, die Geschichte mit der Bootsabnahme. Wenn ich das geahnt hätte..."

„Hör mal, Peter", unterbrach mich Charly. „Laut Seekarte liegt dein Swanage im Westen. Wieso steuerst du eigentlich immer weiter in Richtung Süden?"

„Wir laufen nach Südwesten", korrigierte ich. „Hast du die Karte genau studiert?"

„Ja, natürlich", murmelte er.

„Ist dir nichts aufgefallen?"

„Nein, wieso?"

„Ah, es liegt wahrscheinlich daran, daß du im Licht des Einwegfeuerzeugs die Tiefenangaben nicht entziffern kannst. Wir haben ablaufendes Wasser, Charly. Wenn du jetzt rechter Hand über die Shingles segelst, dann würdest du dich bei dem Tiefgang, den unser Schiff hat, ziemlich bald wundern."

„Der Kandidat bekommt schon wieder die Narrenkappe", bedauerte er sich. „Ich glaube, das mit der Gezeitennavigation lerne ich auch nicht."

„Blödsinn", munterte ich ihn auf. „Denk mal nach, unter welch erschwerten Bedingungen wir momentan navigieren. Andere hätten ihr Boot im Hamble noch nicht mal von der Muring weg bekommen. Geschweige denn den Mast gestellt. Das hier ist tidenmäßig schon ein bißchen was anderes als die Nordsee. Wenn mir einer von den Hanseaten etwas über Gezeiten erzählen will, dann fange ich immer an zu grinsen. Die mit ihren lächerlichen zwei Metern Tidenhub. Ist noch eine Dose Whitbread da?"

Candida sprang zum Mißfallen unserer rothaarigen Bordemanze bereitwillig in die Kajüte, tauchte aber nach einem Augenblick enttäuscht wieder an Deck auf.

„Fehlanzeige", bedauerte sie. „Übrigens, wir müssen unbedingt Getränke und Proviant bunkern. In unserem Proviantschapp befindet sich gerade noch eine Flasche Contrex und ein bißchen Pulverkaffee."

„Das können wir in Swanage erledigen. Guter Hinweis, Candida. Was hältst du davon, zusammen mit Thea eine Proviantliste aufzustellen?"

„Typisch Männer!" schimpfte die angehende Theologin auch schon los. „Klar, wir Frauen sind wohl nur für das Einkaufen, Kochen und Putzen da, während die Herren hier segeln, saufen und sich frauenfeindliche Witze erzählen, oder? Da habt ihr euch aber geschnitten!"

„Quatsch", brummte ich. „Zur angehenden Skipperin, die Candida nun einmal werden will, gehört auch Bordmanagement. Und zum Management zählt nicht nur das Führen des Logbuches, sondern auch die Sorge um das leibliche Wohl der Besatzung."

„Wie kommt es, daß man darüber in den Lehrbüchern aber auch gar nichts liest?" fragte Candida listig.

„Hör mir bloß mit den Lehrbüchern auf", lachte ich. „Die sind doch von Theoretikern geschrieben. Und zwar von solchen, die, wenn überhaupt, sich nur mit einem kompletten Berufsnautikerstammtisch auf See wagen. Meine Güte, ihr lernt allen Blödsinn über Flaggengebräuche und Regattaregeln, aber hinterher könnt ihr noch nicht einmal die Befeuerung von Tonnen in der Dunkelheit richtig deuten. Von verantwortlicher Schiffsführung bei vielen Segelschein-Absolventen überhaupt nicht zu reden. Wohin Segelscheinwissen aus Büchern führt, liebe Candida, das hast du ja in Calais gesehen, als sich Ministerialrat Dr. Schulze und Konsorten beim Einlaufen ihren Privatkrieg mit den Fährschiffen lieferten."

„Und was hat die Proviantliste mit verantwortlicher Schiffsführung zu tun?" ließ Candida nicht locker.

Ich mußte mit meiner Argumentation vorsichtig sein. Candida war ein hochintelligenter Twen. Der konnte ich nicht so ohne weiteres ein X für ein U vormachen.

„Eine ordentliche Proviantliste und ein Stauplan sind das A und O einer vernünftigen Fahrvorbereitung. Naja, heute Nacht ging es bei unserem Alarmstart ein bißchen drunter und drüber. Das heißt aber noch lange nicht, daß jetzt hier der Schlendrian einreißt, meine Damen und Herren! Wenn du dir aber zu bequem dafür bist, dann überlaß die Arbeit Charly und Tommy. Wundere dich aber hinterher nicht, wenn du die ganze Fahrt über nur noch Single Malt Whisky zu trinken und Spaghetti zu essen bekommst."

„Um Gottes Willen!" stöhnte Candida auf. „Okay, okay. Ich mache mich morgen früh sofort an die Arbeit."

„Und damit unsere mitsegelnde Jeanne d'Arc zufriedengestellt ist, werden euch die Jungens beim Einkaufen und beim anschließenden Verstauen helfen. Jeder an Bord sollte in der Lage sein, selbständig und ohne fremde Hilfe Frühstück, Mittagessen und Abendbrot zuzubereiten. Und darunter verstehe ich auch, daß der diensthabende Smut nicht immer erst die Freiwache aus der Koje purren muß, nur weil die als einzige zufällig weiß, wo die Dosen mit den Würstchen verstaut sind."

„Was ist ein diensthabender Smut?" fragte Candida.

Junge, Junge. Die Kleine blieb aber auch hartnäckig. „Hier gebe ich der ehrwürdigen Mutter erstmals unumwunden recht. Natürlich ist es für uns Männer angenehm, wenn nur die Mädels sich um so profane Dinge wie das Kochen kümmern. Aber vielleicht wollen die Herren Seebären auch einmal alleine in See stechen oder mit den Kumpels vom Kegelklub chartern. Jetzt bietet es sich an, längst Vergessenes unter verschärften Bedingungen wieder nachzuholen. Auch wenn bei dem einen oder anderen Gericht hinterher der Magenkrebs die Zangen über den Kopf zusammenschlagen wird."

Ich schaute zu Thea hinüber, die neben Candida auf der Steuerbordsitzducht hockte.

„Zu blöd, daß du die letzte halbe Dose Bier über Bord geworfen hast. Reden macht durstig."

„Du hast das mit der Freiwache noch nicht erklärt", stocherte Candida nach.

„Wir werden, wie auf einem Seeschiff, einen Wachplan aufstellen. Immer drei Mann übernehmen reihum eine Vierstunden-

Wache an Deck, einer hat generell dienstfrei, der Fünfte ist im täglichen Wechsel Smut und muß kochen und abwaschen. Bei schwierigen Segelmanövern müssen die beiden natürlich mit ran. Da wir jedoch keine langwierigen Nachttörns vorhaben, werden wir mit dieser Regelung erst einmal klarkommen."

„Das sind nur fünf Leute", bemerkte Thea mit lauernder Wachsamkeit. „Was passiert mit dem sechsten?"

„C'est moi", antwortete ich. „Meine Aufgabe besteht darin, die Wache zu unterstützen, in Schiffsführungs-, Navigations- und Speiseplanfragen zu beraten und ansonsten mich von euch bedienen und mir den Bauch bräunen zu lassen. Das heißt, solange die Sonne scheint. Irgendwelche Einwände?"

„So siehst du aus!" rief die ehrwürdige Mutter. „Das hast du dir ja fein ausgedacht. Wir sollen für dich die Dienstmädchen..."

„Wo bleibt dein Kölnischer Humor, Thea?" lachte ich breit.

Candida versuchte zu vermitteln. „Das sollte von Peter doch bestimmt nur ein Scherz sein."

„Wie bitte?" lachte ich auf. „Ich höre wohl nicht recht! Denkt ihr etwa, ich schippere euch in meiner kostbaren Freizeit über die sieben Weltmeere und soll dann auch noch für euch den Borddeppen und Alleinunterhalter spielen? Wer bin ich denn? Ich darf euch daran erinnern, daß ihr verantwortlich segeln lernen wollt und nicht etwa ein Ticket für eine Kreuzfahrt auf der Club Med gebucht habt."

Thea blieb zum ersten Mal der Mund offen stehen. Betretenes Schweigen auch bei den anderen.

„Das erinnert mich schwer an den Törn mit der *Tessa* im vorigen Jahr", fing sich Charly als Erster.

„Kopf hoch!" beruhigte ich ihn. „Denkt immer an eines: Ich bin nicht euer Segellehrer. Ihr wolltet euch praktische Seemannschaft in möglichst entspannter Urlaubsatmosphäre aneignen. Ihr habt mich als Skipper haben wollen. Nun seht zu, wie ihr mit mir klar kommt. Andererseits bin ich natürlich immer für die gerade diensthabende Wache da und passe auf, daß mir keiner von euch die Mühle auf die Klippen setzt. Von solch profanen Dingen des

Bordmanagements wie Kochen und Abwaschen bin ich dadurch natürlich logischerweise befreit."

„Logischerweise", wiederholte Charly einsilbig.

„Also von der Sklavenarbeit", fand Thea wieder Worte. „Typisch Macho. Möchten König Ludwig Nr. 14 vielleicht deroselbst die Pantoffel und die Zeitung holen oder doch lieber von den Lakaien gereicht bekommen?"

„Wartet doch erst einmal ab", beschwichtigte Tommy, der seit einiger Zeit hinter dem Steuerrad hockte. Er hielt den Zeigefinger an die Lippen und deutete vielsagend in die Kajüte, in die der Schwabe schon seit geraumer Zeit verschwunden war. Schließlich spitzte er die Lippen und schmatzte auf seine Fingerspitzen.

„Waldemar kocht doch unheimlich gerne und mindestens so gut wie Bocuse. Vier Messerchen und Gäbelchen. Einsame Klasse! Also bloß nichts überstürzen."

Candida nickte. „Ich wäre schon froh, wenn Peter zunächst ständig bei uns in der Plicht bleibt. Seien wir doch ehrlich. Wer von uns kann denn ein Boot dieser Größe tatsächlich segeln? Ich schließe mich Tommy an. Erst mal abwarten."

„Wieso sollten wir denn dieses Boot nicht segeln können?" mischte sich auf einmal wieder Charly in die Diskussion ein. „Die Mühle läuft doch wunderbar. Die läßt sich segeln wie 'ne Jolle."

Ich schwieg. Eine Zwölfmeteryacht konnte durchaus wie eine Jolle segeln. Vorausgesetzt, sie war richtig getrimmt und wir hatten wenig Wind und noch weniger Welle. Ich war gespannt, ob unser Frankfurter Bord-Juppie auch noch bei den aus dem Atlantik heranrauschenden Wellen oder den Achtknoten-Strömungen zwischen den Kanalinseln und oberhalb der nordfranzösischen Kaps so gelassen blieb.

„Sag mal, Peter, etwas anderes", meinte auf einmal Tommy, der für meine Begriffe eine Spur zu lässig hinter dem Steuerrad hockte. „Wie war das eben mit den Kennungen der Leuchtfeuer und Leuchttonnen? Kennst du eigentlich alle Seekarten vom Englischen Kanal auswendig?"

Ich schüttelte den Kopf. „Quatsch! Nun, ich habe mich vor Fahrantritt mit den Gegebenheiten hier im Solent natürlich schon ein bißchen vertraut gemacht und die einschlägigen Seekarten und das Seehandbuch studiert. Schließlich habe ich keine Lust, mich vor euch zu blamieren. Mein Freund Gernot hat das mal in einer seiner Satiren ganz treffend dargestellt. Ein Skipper beeindruckt die Crew immer noch am meisten, wenn er frech behauptet, daß man mit dem eigenen Boot gerade über ein historisches Wrack segelt, das bei Niedrigwasser zehn Meter tief im Sand liegt oder daß die Kennung der Leuchttonne X im Fahrwasser Y im vergangenen Jahr geändert wurde. Und wenn er gefragt wird, woher er das weiß, antwortet er, daß das hier wohl sein Hausrevier sei. Egal, ob man gerade auf Nordsee, Südsee oder im Polarmeer segelt."

„Also alles nur Kartentricks und Augenwischerei", knurrte Thea.

„Nur, um Mädels zu beeindrucken. Ich habe es ja gewußt..."

„Was hast du denn schon wieder?" wunderte ich mich. „Natürlich hat Seemannschaft immer ein bißchen mit Falschspielerei zu tun. Man darf sich als Skipper bloß nicht erwischen lassen. Das steigert aber nur den Reiz bei der Sache."

Thea war zum zweiten Mal sprachlos. In der Tat, so kannte ich sie gar nicht. Sie ließ nach.

Waldemar, den ich schon seit geraumer Zeit nicht mehr an Deck gesehen hatte, tauchte urplötzlich im Niedergang auf. Ich konnte ihn zwar wegen der Dunkelheit nicht besonders gut erkennen, aber er schien ziemlich guter Laune zu sein.

„Kannst du mal die Zündung anmachen?" fragte er.

„Die Zündung?" fragte ich erstaunt.

„Ja", meinte er ärgerlich. „Du weißt schon, was ich meine. Du sollst den Schlüsselschalter auf Fahrtbetrieb stellen."

Ich schüttelte verständnislos den Kopf, tat aber wie von mir verlangt. Ich hatte keine Ahnung, was Waldemar damit bezweckte.

Der Schwabe kletterte wieder in sein dunkles Verlies und begann dort unten herumzupoltern. „Okay", brüllte er nach oben. „Nun gib Gas und drücke auf den Starterknopf."

Ich schaute die anderen an und schüttelte den Kopf.

„Jetzt ist er übergeschnappt", meinte ich.

„Was ist denn?" brüllte Waldemar von unten. „Wird's bald? Nun macht schon endlich da oben!"

Ich zuckte die Achseln, legte den Gashebel nach unten und drückte den Startknopf. Unten im Motorraum begann irgendwas müde zu wimmern. Instinktiv ließ ich den Startknopf los.

„He, hast du Murkel auf den Schwanz getreten?"

„Du sollst starten, verdammt nochmal!"

Wieder drückte ich den Knopf und wieder begann etwas zu wimmern. Das Wimmern ging peu à peu in ein Jaulen über, während Waldemar gleichzeitig zu schnaufen und zu keuchen anfing. Langsam mischte sich in das Jaulen ein Geräusch, das an das Aufstoßen eines Betrunkenen erinnerte. Nur, daß es sich wesentlich kräftiger anhörte. Das Aufstoßen wiederholte sich in immer schnellerem Rhythmus, bis unter meinen Füßen plötzlich ein Dröhnen und Vibrieren anhob. Gleichzeitig erscholl ein Schmerzensschrei aus der Kajüte.

„Auuuaaah! Du verdammtes, vermaledeites Biest, elendiges!"

„He, was ist los?" brüllte ich in Richtung Kajüteingang. Charly sprang auf und wollte den Niedergang hinabtauchen, als Waldemar erneut aufschrie.

„Um Himmels Willen, nicht herunterkommen!" brüllte er. „Die Treppe ist fortgeräumt. Du brichst dir den Hals!"

„Zurück!" schrie ich jetzt. „Bleib um Himmelswillen wo du bist, Charly! Was ist mit dir los, Waldemar?"

Der Schwabe stöhnte. „Die verdammte Kurbel ist beim Anspringen zurückgeschlagen. Meine Güte, das ist mir das letzte Mal passiert, als ich den alten Elfer-Deutz-Traktor von unseren Nachbarn anlassen wollte."

Erst jetzt merkte ich, daß der Motor lief. So gut hatte Jeanneau bei der *Voyage* den Motorraum gegen Schall isoliert.

„Hey! Super, Waldi!" schrie Candida auf und steckte ihren Kopf durch den Niedergang.

„Wie hast du das denn gemacht?" fragte ich ihn, wobei ich mich an dem offenen Motorenluk und den rasend schnell rotierenden, offenliegenden Keilriemenscheiben vorbei vorsichtig nach unten schlängelte.

Waldemar hielt sich den schmerzenden rechten Arm und deutete auf den Kartentisch.

„Kannst du mal die Innenbeleuchtung anknipsen? Ich denke, daß die Lichtmaschine genug Strom liefert."

Ich griff ans Instrumentenpaneel. Sekunden später flammten die Lampen über der Pantry, am Kartentisch und im Toilettenraum auf. Zum ersten Mal sah ich den Innenraum der Charteryacht im Hellen.

„Wie hast du die Maschine ans Laufen bekommen?" wiederholte ich meine Frage.

Waldemar rieb sich immer noch den Arm. Auf seinem rechten Unterarm zeichnete sich eine taubeneigroße Beule ab.

„Verdammtes Biest!" schimpfte er und starrte mißmutig auf das keuchende und fauchende Dieseltriebwerk unter dem Cockpitboden.

„Mit einer Kurbel, die ich im Werkzeugkasten gefunden habe. Ich habe die Maschine dekomprimiert, dann angefangen wie wild zu kurbeln und schließlich den Dekompressionshebel umgelegt. Dazu habe ich beide Batterien, die für den Motorstart und die für die Bordstromversorgung, parallel geschaltet. Ein ganz klein bißchen Saft war noch drin. Naja, es hat hingehauen. Aber nochmal mache ich das nicht mehr. Dieser Satansbraten kann einem ja den Arm brechen!"

Wir hoben vorsichtig die Treppe vor den Niedergang, und ich kletterte nach oben.

„Segel runter, Leute!" forderte ich meine Crew auf. „Und Hände weg vom Schaltpaneel, damit mir nicht irgendeiner den Motor versehentlich abstellt. Wir laufen jetzt bis in die Bucht von Swanage unter Maschine. In der Zwischenzeit kann die Lichtmaschine die Akkus aufladen. Morgen früh werden wir dann gemütlich im Ort einkaufen gehen. Um so besser, denn dann können wir umso zeitiger nach Nordfrankreich aufbrechen."

„Sag mal, Peter", fragte Candida. „Was bedeuten eigentlich diese Zahlen auf den Displays?" Das Mädchen deutete auf die über dem Niedergang montierten Geräte, deren Anzeigetafeln matt leuchteten.

„Das sind die Anzeigen für die momentane Windgeschwindigkeit und Windrichtung, die Fahrtgeschwindigkeit, die zurückgelegten Meilen und die Wassertiefe. Die *Voyage* ist eine Hochseeyacht. Sie besitzt im Gegensatz zu meiner *Solveig* ein vollelektronisches Navigationsequipment. Also Sumlog, Echolot, Windmeßanlage, Navigationscomputer und solch einen Kram."

„Wie geht man damit um?" wollte sie wissen.

„Später", wiegelte ich ab. „Das hat noch Zeit, Mädchen. Nur wie das Echolot funktioniert, mußt du wissen. Das ist ganz nützlich beim Ankern. Wenn wir zum Beispiel bei ablaufendem Wasser vor einer Küste, deren Wassertiefe wir genau kennen, ankern und die Anzeige geht beispielsweise nach oben, dann weißt du, daß der Anker nicht hält. Das Boot wird seewärts in tieferes Gewässer treiben. Sowas nennt man Ankeralarm. Bei steigendem Wasser verhält es sich umgekehrt. Wenn die Anzeige rasch herunter geht, dann treibst du mit Sicherheit auf Land zu. Der Ankeralarm läßt sich auch akustisch einstellen. Wenn die Anzeige einen gewissen Toleranzbereich verläßt, beginnt das Echolot wie ein aufgescheuchtes Meerschweinchen zu quieken. In Gezeitengewässern macht das natürlich wenig Sinn. Das Gerät würde ständig Alarm schlagen. Also muß die Ankerwache das Display im Auge behalten."

Zwei Stunden später erreichten wir endlich die Bucht von Swanage, und bei bereits kräftig gestiegener Tide ließ Tommy das Eisen erst auf Charlys Fuß und schließlich über Bord fallen. Ich schärfte Thea und Candida als erste Ankerwache nochmal genau ein, worauf sie zu achten hatten. Vorsichtshalber versuchte ich ein paar Peilungen. Weil das Boot vor Anker jedoch hin und her schwojte, blieb eine exakte Standortbestimmung schwierig.

Unter Deck wurde es indessen schon merklich ruhig. Charly und Tommy zogen sich in die Vorschiffskabine zurück. Die Tür zur

Backbordachterkabine stand auf. Auf der Doppelkoje lagen Wäschestücke wild verstreut herum. Ich war gespannt, wie lange Candida und Thea dieses Chaos ertrugen. Ich freute mich, daß die *Voyage* in der Charterversion über eine Lotsenkoje im Vorschiff verfügte. Hier nächtigte Waldemar. Die Steuerbordachterkajüte blieb also für mich reserviert. Naja, ein kleines Vorrecht für den Kapitän mußte schon sein.

Nachtschwarz glänzte der Himmel. Turmhoch rauschten die weißgeköpften Brecher heran. Donnernd ergoß sich tonnenweise Meerwasser über das Vordeck. Eine kleine, zierliche Gestalt klammerte sich an das Ruderrad der Viermastbark. Sie packte die Speichen und versuchte, das riesige Holzrad zu drehen, aber es klemmte. Eine andere Gestalt in tropfendem Regenmantel stand daneben und bemühte sich vergeblich zu helfen. Mit einem gigantischen Krachen hieb der Bug des schweren Schiffes in das nächste heranrollende Wellenungetüm. Bis zu den Obermarssegeln stieg das Wasser empor und krachte erst in Höhe des Brückendecks wieder herunter. Die kleine Gestalt am Ruderrad begann zu prusten und versuchte, im Stehen Schwimmbewegungen zu machen. Die größere Gestalt neben ihr hing bereits kopfüber in den Wanten. Sie sah aus wie Charly, der krampfhaft eine Seekarte in den Händen hielt. In diesem Augenblick öffnete sich das Luk und die beiden Türchen mit den Butzenscheiben schwangen beiseite. Eine rothaarige Astronautin in schimmerndem Raumfahreranzug und mit einem Putzfeudel am Gürtel betrat das Deck. In der rechten Hand hielt sie ein Tablett mit Kaffee und Kuchen. Um das rechte Handgelenk hatte sie sich eine Hundeleine gewickelt. Am anderen Ende der Leine steckte Waldemars Kopf in einem Halsband. Er lag auf dem Bauch und versuchte, mit der Kurbel den Bootsmotor zu starten.

„Eine Tasse Bilgencleaner gefällig?" schmachtete die Astronautin und hielt mir die dampfende Kanne unter die Augen. In diesem Moment brach erneut eine Sturzsee über das Vordeck des Schiffes hinweg. Schwer legte sich die Viermastbark auf die Seite. Der Steuermann flog im hohen Bogen über Bord.

„Eine Tasse Bilgencleaner gefällig?" wiederholte die Rothaarige im Astronautenanzug. In diesem Moment brachte Waldemar den Schiffsdiesel zum Laufen.

„Weg mit dem Bilgecleaner!" brüllte ich.

Zum Dank versuchte mich die Rothaarige zu ertränken. Bestimmt eine Tonne Wasser schüttete sie aus einer Pütz über meinen Kopf. Als wenn ich nicht schon naß genug gewesen wäre.

„Verdammt, du Biest!" schrie ich und trat um mich. „Willst du mich ersäufen?"

„He, du Idiot!" schrie die Astronautin. „Bist du verrückt geworden?"

Zwei starke Arme hielten mich fest. Ich schlug die Augen auf.

„Aaaahhh!" brüllte ich, als ich die Rothaarige, die sich über mich beugte, erkannte. „Laß mich los!"

Thea hielt sich den Arm. „Trittst du immer um dich, wenn man dich weckt?"

Ich wußte im ersten Augenblick weder, wo ich war, noch, was sich gerade um mich herum abspielte.

„Nun krabbele schon heraus aus deiner Koje, Mann! Wir haben ein Problem."

Ein Problem?" knurrte ich unfreundlich. „Was für ein Problem?"

„Das Boot treibt ab. Der Anker hält nicht."

Zehn Sekunden später stand ich mit meinem Sweatshirt unter dem Arm in der Plicht und zerrte am Reißverschluß meiner Jeans. Es war schon heller Morgen, und wir lagen immer noch vor Swanage. Ein Stein fiel mir vom Herzen. Was die Weiber bloß schon wieder hatten?

„Lagebericht?" forderte ich knapp.

„Null Ahnung", zuckte Candida die Achseln. „Erst ging alles klar. Die Echolotanzeige erreichte ihren Höchststand, dann ging sie herunter. Logisch, bei ablaufendem Wasser. Plötzlich aber, so nach einer Stunde ging die Anzeige wieder deutlich nach oben. Wir haben versucht, den Kirchturm von Swanage anzupeilen, aber mal waren wir sicher, daß wir treiben, mal wieder nicht. Es ist zum Verzweifeln."

Ich ahnte, was passiert war und kletterte nach unten, um den Macmillan-Almanach mit den Gezeitentabellen zu holen.

„Ich bin ein Idiot!" scholt ich mich.

„Endlich ein wahres Wort", grinste Thea, woraufhin sie sich von mir einen strafenden Blick einfing.

„Wieso der plötzliche Weg zur Selbstfindung?" fragte sie frech.

„Ich habe nicht an die Gezeitenanomalie westlich der Isle of Wight gedacht."

„Gezeitenanomalie? Gibst's hier keine Ebbe und keine Flut?"

„Natürlich!" knurrte ich und ärgerte mich am meisten über mich selbst. Andererseits war ich froh, daß ich nicht mehr von einer wildgewordenen Astronautin auf einer Viermastbark im Sturm Bilgenleaner in Kaffeetassen aufgenötigt bekam. Ein Schauer lief mir über den Rücken. Das kam jedoch von der frischen Luft hier draußen auf dem Wasser.

„Moment", meinte ich und zog mir erst einmal das Sweatshirt über. Inzwischen hockten auch bereits Charly und Tommy in der Plicht. Nur Waldemar sägte laut und deutlich in seiner Lotsenkoje die Holzverschalung in kleine Brettchen.

„Hier, westlich des Solent, tritt eine Gezeitenbesonderheit auf: die sogenannte doppelte Flut oder Agger. Das Wasser fällt erst eine Stunde lang, um dann sofort wieder anzusteigen und erneut den Höchststand zu erreichen. Erst danach fällt das Wasser. Und zwar rasant. Deshalb richten sich die Briten in dieser Gegend bei der Navigation auch nicht nach dem Hochwasserzeitpunkt, sondern nach dem Niedrigwasserzeitpunkt. Nur der läßt sich in diesen Gewässern beinahe auf die Minute genau bestimmen. Tut mir leid, wenn ihr euch Sorgen gemacht habt. Diesmal gebührt die Narrenkappe mir. Wer kocht Kaffee? Oder sollen wir gleich an die Pier von Swanage dieseln?"

„Paß auf, Bocuse!" rief Tommy und reichte einen Pappkarton über die Reling. „Sie ist feucht geworden. Faß unter...!!"

Padautz! Bestimmt ein Dutzend Apfelsinen, ebenso viele Äpfel, Bananen und anderes Obst und Gemüse polterte unter den Armen des Schwaben abwärts in die Plicht. Unten in der Kajüte

bellte Murkel erschreckt auf. Ein Apfel fiel ins Hafenwasser. Ich grabbelte ihn mir, wischte ihn an meinem Sweatshirt trocken und biß kräftig ab.

„Das konnte man ja nicht ahnen!" schimpfte Waldemar auch schon wie ein Rohrspatz los.

Tommy reckte sich den steifen Rücken und streckte sich.

„Richtig. Das kann man wirklich nicht ahnen."

„Und nu?" fragte Waldemar und deutete anklagend auf das Obst und das Gemüse, das als lose Schüttung zwischen, unter und auf den Sitzduchten lag.

„Wie, und nu?" äffte Tommy den Schwaben nach. „Hau rein, Gevatter! Da kommen schon Thea und Candida mit der nächsten Ladung. Wo steckt eigentlich der Faulstrick von Charly?"

„Ich gebe dir gleich Faulstrick!" schimpfte der Mann aus Deutschlands Bankenmetropole los. „Ich habe Wasser gebunkert und gerade eben den Schlauch zurückgebracht. Dank deiner Ankerkünste bin ich gehmäßig ein wenig gehandicapt, wie du vielleicht weißt."

„Ach, stell dich doch nicht so an", grinste der Junge mit dem Karl-Lagerfeld-Schwänzchen.

„Quatsch keine Opern, sondern pack mal mit an!" forderte ihn Thea auf, die den Karren des ortsansässigen Lebensmittelhändlers rasant über die Pier von Swanage bugsierte. Candida folgte ihr mit mehreren Lagen Eiern in den Armen.

„Was, um alles in der Welt, wollt ihr denn damit?" fragte ich die junge Frau und wies auf die Fortpflanzungsversuche ortsansässiger Hühner, die bisher noch ordentlich in Pappstiegen geschachtelt waren.

„Na, kochen oder braten oder für Saucen verwenden", antwortete sie verwundert. „Frag nicht mich, frag Bocuse."

Seit der nächtlichen Diskussion über die Frage der Smuteinteilung wurde Waldemar nur noch mit dem Namen des französischen Meisterkochs gerufen. Das hatte aber weniger etwas mit Ehrfurcht zu tun als eher mit dem Versuch, den ungeliebten Job des Smuts gleich im Vorfeld des eigentlichen Törns auf den

Schwaben abzuwälzen. Mit der Titulierung „Bocuse" sollte er sich anscheinend gebauchpinselt fühlen. Da Waldemar bei seiner Motorinstandsetzung nichts von alledem mitbekommen hatte und ich kein Spielverderber war, schwieg und genoß ich.

Waldemar schickte sich stattdessen an, Apfelsinen, Äpfel und den Rest der Schüttung einzeln in die Kajüte zu tragen.

„Helft ihm", schlug ich vor. „Sonst hocken wir noch in zwei Wochen hier herum."

Charly und Tommy sprangen vom Ufer aus in die Plicht der Yacht und warfen dem völlig verblüfften Schwaben Obst und Gemüse wie bei einem Basketballmatch einzeln zu.

„He, seid ihr närrisch?" brüllte er aus dem Salon nach oben. „Das soll wohl ein Witz sein, wie. Den armen Murkel habt ihr auch schon getroffen."

„Murkel!" schrie Thea auf und verschwand wie ein geölter Blitz in der Kajüte. Hinterher ging das Verstauen der Fracht plötzlich wesentlich rascher.

„Denkt an den Stauplan!" mahnte ich. Schließlich saß ich allein auf dem Rand der Pier des kleinen südenglischen Dörfchens Swanage und hielt übertrieben verzückt und mit zusammengekniffenen Augen mein noch blasses Gesicht in die langsam wärmer werdende Frühsommersonne. Genauso hatte ich mir das Chartern als Skipper immer vorgestellt. Man brauchte nur ein paar segelverrückte Landratten. Möglichst von der Sorte, die von einem abhängig waren. Segelschüler boten sich als allererste Wahl immer an. Schon war man selbst alle Sorgen los. Ja, man brauchte noch nicht einmal mehr zu steuern. Eine lästige Pflicht, der ich an Bord von Segelyachten nie besonders gerne nachkam. Aber hier besaß ich fünf willige Rudergänger, die sich gerne für mich aufopferten. Langsam überlegte ich, ob ich mir überhaupt jemals wieder ein eigenes Boot zulegen sollte. Ich mußte nur darauf achten, daß meine Rasselbande nie ein Segelpatent erwarb. Und das ließ sich bestimmt schon irgendwie richten...

Zwei Stunden nach unserer Landung am Pier von Swanage rieben sich die örtlichen Lebensmittelhändler die Hände. Auch wenn sie sich sicherlich wunderten, was eine sechsköpfige Chartermannschaft mit zwei Paletten Pedigree Pal anfing. Als zwischendurch der Ortsbobby mit seinem Fahrrad am Pier vorbeiradelte, blieb nicht nur mir für ein paar Sekunden das Herz stehen. Denn genau in diesem Moment sprang Murkel in die Plicht und machte sich schwanzwedelnd über sein Dosenfutter her, das ihm Thea wegen des eigenwilligen Geruchs hinausgestellt hatte. Wir legten daraufhin in Windeseile ab. Langsam wurde das Segeln in britischen Gewässern mit Hund zu einer nervenaufreibenden Sache. Ich war froh, wenn wir bald wieder auf dem Kontinent ankamen. Hier gingen die Uhren doch ein wenig zu anders. Allerdings ernüchterte mich der Hinweis im Macmillan zu den Kanalinseln. Alderney, Guernsey, Sark, Herm und Jersey waren zwar eigenständige Territorien und gehörten nicht einmal zur Europäischen Gemeinschaft, zeigten sich jedoch im Hinblick auf Tollwutangst leider genauso hinterwäldlerisch wie das Vereinigte Königreich. Auch dort durfte Murkel mitnichten an Land. Das heißt, wir durften uns nicht erwischen lassen. Thea erzählte ich vorsichtshalber nichts von meiner Entdeckung. Sie war sonst noch im Stande und vereitelte mit ihrer Sturheit unsere weiteren Reisepläne.

...und im Westen liegt Amerika!

„Peter! Peeeteeer Paaauuul!" Die Stimme Ihrer Heiligen rothaarigen Inquisition überschlug sich mal wieder.

„Verdammt, wo steckt der Kerl? Der soll nicht da unten bei Bocuse die Teller abschlecken, sondern lieber hier oben an Deck erscheinen. Siehst du den verdammten Frachter dort? Siehst du dessen Bugwelle?"

Sie deutete verzweifelt nach Osten.

„Er wird uns kriegen", fügte sie atemlos hinzu. „Wir werden zermalmt, zerquetscht, vernichtet..."

„He, läuft bei euch da oben schon wieder ‚Friedhof der Kuscheltiere'?" Ich lauschte, während Waldemar die gespülten Teller vom Lunch vorsichtig im Regal über der Pantry stapelte.

„Peilung steht!" brüllte Thea. Ihre Stimme begann sich zu überschlagen. „Peter! Kommst du vielleicht endlich mal an Deck?"

„Meinst du, dann verschwindet dein Frachter?" entgegnete ich betont gelangweilt.

Ich schaute durch den Niedergang nach achtern, wo Charly, der Skippereleve der 1. Wache des Tages, mit weiß verfärbten Knöcheln das Stahlspeichenrad der Yacht umklammert hielt. Er schwieg, und seine Kiefer mahlten verdächtig. Die etwa zwei bis drei Meter hohen Wellen, die hier im ungeschützten Seeraum zwischen Isle of Wight und der Nordspitze des Cotentin heranrauschten, ließen seine seemannschaftliche Selbstsicherheit, die er im Solent noch so mannhaft unter Beweis zu stellen gedachte, wie das sprichwörtliche Kartenhaus in sich zusammenbrechen. Unser Frankfurter Börsen-Juppie schaute abwechselnd nach vorne, auf den Kompaß in der Steuersäule und zu mir in den Salon hinunter.

„Wäre nicht schlecht, wenn du mal nach oben kämst", murmelte er.

„Ich kann dich nicht verstehen!" antwortete ich.

„Komm mal an Deck!" schrie er.

„Das habe ich gerne", murmelte ich zu Candida, der ich während der letzten halben Stunde den Umgang mit dem Grenzwellenradio erklärt hatte. Sie war genauso hartnäckig wie wißbegierig. Alles wollte die junge Frau haarklein und ohne Wenn und Aber erklärt haben.

„Erst große Töne spucken und dann beim Auftauchen des ersten großen Frachters in die Hose machen."

„Komm, zeig dich mal an Deck", riet sie mir versöhnlich. „Thea dreht sonst noch vollständig durch."

„He, verdammt nochmal, was treibt ihr eigentlich da oben?" Klirrend fiel ein Stapel Teller aus Waldemars Händen. Er schaffte es noch so eben, sich am Handlauf abzustützen.

Eine hohe Welle hatte die *Voyage* erfaßt, hob sie bestimmt drei Meter empor und ließ den Bug nach unten knallen, wo er gleich ein paar Kubikmeter Seewasser zur Seite pressen mußte. Das bremste die Fahrt, und die schwere Yacht legte sich unter dem Winddruck auf die Seite.

„Bist noch nicht richtig seefest, was?" fragte ich und knallte selbst beim letzten Wort der Länge nach hin.

Waldemar lachte laut auf. „Toller Skipper! Fällt bei dem bißchen Wind auf die Schnauze wie eine Jungfrau bei ihrem ersten Rendezvous!"

Ich zeigte ihm den Mittelfinger und kletterte mühsam nach oben. Mein rechtes Knie tat weh.

„Was'n los?" fragte ich mürrisch.

Thea deutete nach Backbord. „Da, schau mal! Der Frachter. Die Peilung steht immer noch. Was sollen wir tun?"

„Wie, was sollen wir tun?" äffte ich sie nach. „Fahrt weiter! Wenn's kracht, noch 'nen Meter!"

„Du bist unmöglich!" bellte die Rothaarige zurück. „Mit dir ist ja nicht zu reden! Charly! Wir nehmen die Sache jetzt selbst in die Hand! Schieß in den Wind und laß den Brummi an Steuerbord vorbei! Subito!"

Charly nahm die Kopfhörer seines Walkman ab und blickte unentschlossen in meine Richtung. Ich zuckte die Achseln.

„Mich brauchst du nicht zu fragen, Charly", erwiderte ich. „Du, Thea und Candida seid die Wachgänger. Du stehst am Ruder. Entscheide gefälligst selbständig!"

Charly schaute erst zu mir, dann zu Thea. Schließlich riß er sich zusammen. „Richtig. Thea gehört mit zur Wache. Sie sollte mitentscheiden."

Beinahe wäre ich in schallendes Gelächter ausgebrochen. Genauso stellte ich mir angewandte Schiffsführung vor. Demokratie an Bord. Der Schrecken der Seefahrt. Man bildete einen Ausschuß, der wiederum Unterausschüsse, und bevor das Gremium abstimmen konnte, war das eigene Boot längst gekentert oder an einer Klippe gestrandet. Aber was sollte ich in diesem Augenblick den großen Zampano herauslassen? Sollten die doch sehen, wie weit sie mit diesem Demokratiequatsch kamen. Ich ließ Charly gewähren.

„Wenn du meinst, dann ruf Candida an Deck", kommentierte ich seinen Wunsch.

Als diese schließlich neugierig den Kopf durch den Niedergang streckte, war der Frachter schon bis auf etwa zwei Kabellängen heran und Thea dem Nervenzusammenbruch nahe. Candida schaute sich betont langsam nach allen Seiten um und zuckte schließlich die Achseln.

„Und?" fragte sie.

„Ich möchte von dir wissen, ob du mir und Thea zustimmst, daß wir in den Wind schießen und den Frachter vorbeilassen", erkundigte sich Charly.

Candida peilte eine Weile das Berufsschiff über die Daumenspitze ihrer ausgestreckten rechten Hand und schüttelte schließlich den Kopf.

„Nö, ich glaube nicht, daß das notwendig ist", meinte sie gelassen. Ich merkte aber, daß sie mich verstohlen musterte. Wahrscheinlich fühlte sie sich nur deswegen sicher, weil ich nichts tat.

„Du spinnst wohl auch, was?" kreischte Thea mit einem Male los. „Ihr seid ja alle des Wahnsinns fette Beute! Los, Charly!

Weich nach Backbord aus und laß ihn an Steuerbord vorbei!"
Der Angesprochene schaute sie wegen ihres Gefühlsausbruchs
nur erstaunt an, reagierte jedoch nicht. Wie die Leibhaftige
sprang sie an die Steuersäule, griff in die Metallspeichen und
drehte das Rad aus Leibeskräften herum. Nur leider in die
falsche Richtung. Sie hatte vermutlich nicht bedacht, daß sie umgekehrt zur Fahrtrichtung stand. Die *Voyage*, die bisher ziemlich
dicht am Wind segelte, freute sich nun auf Raumschotskurs über
den unerwarteten Vortrieb infolge des günstigeren Windein-
fallwinkels und schoß auch sofort los. Es verging kaum der
Bruchteil eines Augenaufschlags, da dröhnte auch schon das
Typhon des Frachters.
„Oh, mein Gott! Oh, mein Gott!" brüllte Thea los. Sie schaute
entsetzt hoch und starrte genau in die Bugwelle des haushohen
Seeschiffs, das jetzt bis auf eine halbe Kabellänge aufschloß.
„Waaaahhh!" stieß sie aus. Ihre Augen wurden zu Schlitzen, sie
verdrehte die Pupillen und sank zur Seite. Ich fing sie auf.
„Ruder hart Steuerbord!" brüllte ich. „Aber sei vorsichtig, daß du
keine Patenthalse fährst!"
Charly tat, wie befohlen. Gleichzeitig dröhnte das Typhon des
Frachters fünfmal hintereinander. Das klassische „Bleib-weg-
Signal". Ich warf die ziemlich blaß gewordene ehrwürdige Mutter
auf die Sitzducht, sprang hinter die Steuersäule und schubste mei-
nen Rudergänger ein wenig unsanft zur Seite. Während ich noch
instinktiv „Pardon!" murmelte, drehte der französische Werftbau
auch schon auf dem Teller.
„Kopf weg! Runter!!" kommentierte ich die Halse wenig lehr-
buchreif, weil in diesem Augenblick Waldemar neugierig seinen
Kopf aus dem Niedergang emporreckte, um festzustellen, was
der Grund für dieses plötzliche Chaos an Bord sein mochte.
Keine Sekunde zu früh, denn eine von hinten heranrauschende
Welle hob die Segelyacht in diesem Moment an, wobei der Baum
auch prompt in die Höhe stieg. Verdammt sollte ich sein, daß ich
auf dem vorhergehenden Amwindkurs den Baumniederholer
nicht wenigstens ein bißchen dichtgeholt hatte. Der Wind griff

von der falschen Seite ins Segel, und ich konnte die Patenthalse nicht mehr verhindern.

Kawumm! So ungefähr hörte es sich an, als der Baum zusammen mit dem siebzig Quadratmeter großen Segel unkontrolliert auf die Backbordseite schlug. Ich schloß für einen kurzen Augenblick die Augen und stellte mir vor, was jetzt alles aus dem Rigg herausgebrochen sein mußte. Ich hatte solch eine Patenthalse schon einmal während einer Bootsvorführung miterleben dürfen. Das Segel flog hinterher zur Hälfte mitsamt dem am Lümmelbeschlag abgeschorenen Baum davon. Aber das Rigg der *Voyage* hielt diese rüde Behandlung glücklicherweise aus. Nur Waldemar rutschte auf der Stufe des Niedergangs weg und stürzte mit einem röchelnden Aufschrei nach unten. Dann blieb es still. Ohne daß ich es anordnen mußte, verschwand Candida – zum Glück kontrolliert – im Salon. Ich warf die Genuaschot des inzwischen backstehenden Vorsegels los und holte das vergewaltigte Tuch auf die richtige Seite herüber. Weil wir tüchtig an Fahrt verloren, prügelten die Wellen jetzt erst richtig auf uns ein. Der Rumpf hob und senkte sich mit brachialer Kraft. Erst als das Boot wieder Fahrt aufnahm, beruhigten sich die ruppigen Schiffsbewegungen. Der Frachter war inzwischen mit hundert Meter Abstand vorbeigezogen. Charly schaute mich erschreckt an.

„Komm, Kleiner", versuchte ich eine müde Beruhigung. „Keine Panik auf der Titanic. Jetzt fahren wir erst einmal eine Wende, damit wir wieder auf den alten Kurs kommen und weiter geht's! Nicht einschlafen, mein Junge!"

Ich schob Thea, die sich mühsam aufrappelte, beiseite und ließ die Genua in der nächsten Wende so sanft wie möglich übergehen. Die Yacht wechselte, beinahe ohne Fahrt zu verlieren, den Bug und nahm wieder Kurs auf die französische Küste.

„Verlustmeldung?" rief ich nach unten in die Kajüte.

„Keine. Waldemar wacht langsam wieder auf."

„Irgendwelche Schäden?" rief ich zurück.

„Schramme!" brüllte Tommy, der sich bis dahin im Vorschiff ausgeruht hatte, zurück. Er stand anscheinend Candida bei.

„Am Holz?"

„Nee, am Kopf!"

Ich drehte mich um. Thea schaute mich mit großen Augen an. Sie wußte im Augenblick wohl nicht, ob sie im Erdboden versinken, mich umbringen, weinen oder sich einfach nur bei uns entschuldigen sollte.

„Was war das denn eben für ein Theater?" fragte Tommy und kletterte ins Cockpit. „Da bin ich doch tatsächlich zum ersten Mal aus der Koje gefallen."

Ich grinste. „Große Nummer mit Löwen. Thea hat wieder einmal gnadenlos zugeschlagen. Blinder Eifer schadet..."

„Ja, ja", fauchte unsere ehrwürdige Mutter auch schon los. „Typisch Männerpack! Kaum sind Frauen an Bord, muß man auch gleich den Helden spielen. Meinst du, uns Frauen beeindruckt sowas? Das ist so kindisch! Dafür wären wir beinahe alle..."

„Was wären wir?" schnauzte ich anzüglich zurück. „Ja, beinahe hätten wir hier dank deiner enormen Seemannskunst glattweg den Mast verloren, mein holdes Fräulein. Regel Nummer Eins: Keiner außer mir greift dem Rudergänger ins Rad! Merk dir das für die Zukunft!"

„Ja, mein Herr und Gebieter!" stieß unsere Bord-Suffragette zornig aus. Sie hatte zwischendurch ihre Baseballkappe verloren, so daß die vom Wind zerzausten roten Locken wie die Schlangen der Medusa wild von ihrem Kopf abstanden. Mit ihren funkelnden Augen konnte sie einem, der sie nicht kannte, tatsächlich das Fürchten lehren.

„Oh, danke für die Blumen", konterte ich unbeeindruckt.

„Tralala und Hoppsassa!"

„Komm, mach mal halblang!"

„Öder Chauvie!"

„He, Candida, bring mal die Baldriantropfen aus der Bordapotheke nach oben. Hier oben geht gleich ein zweibeiniger Dampfdrucktopf hoch."

„Das darf doch wohl nicht wahr sein! Ich frage dich höflich, wie

104

wir dem Frachter ausweichen, und du hältst dich fein raus. Als wir dann das Manöver des letzten Augenblicks…"

Ich konnte mich nicht mehr beherrschen und stieß ein homerisches Gelächter aus.

„Manöver des letzten Augenblicks?" wieherte ich vor Vergnügen.

„In der Tat, Madame! Beinahe wäre wirklich der letzte Augenblick gekommen. Regel Nummer 2: Solange ich nicht die roten Leuchtraketen abschieße, befindet sich niemand von uns in Gefahr. Ist das klar, oder muß ich noch deutlicher werden?"

Thea starrte mich wutentbrannt an. In diesem Moment erschien Candida an Deck und drückte unserer verstörten Seetheologin ein gut gefülltes Glas Malt Whisky aus unserem Bordvorrat in die Hand. Thea roch an dem Drink, grunzte beifällig, schüttete ihn hinunter und schüttelte sich trotzdem hinterher.

„Bah!" stieß sie aus.

„Wer nix verträgt, sollte auch nix trinken", brummte ich.

Thea wirbelte herum. Mit einem Schlag kam wieder Farbe in ihr blasses Sommersprossengesicht.

„Mit dir bin ich noch nicht fertig!" stieß sie aus. „Ich werde… Ich werde…"

„He, seit wann stotterst du?" fragte Charly und grinste breit.

Thea deutete mit weit aufgerissenen Augen nach Backbord.

„Der Ta… der Ta… der Tata… der Tanker…!!!"

Ich blickte ebenfalls zur Seite. In diesem Moment dröhnte keine zweihundert Meter von uns entfernt ein Signalhorn dermaßen brachial los, daß sich daneben die Posaunen von Jericho allenfalls als Kleine Nachtmusik ausnahmen. Zum zweiten Mal griff ich in die Speichen. Die *Voyage* schoß augenblicklich nach Luv und blieb segelschlagend im Wind stehen. Charly starrte auf den rostnarbigen Rumpf, der kaum eine Steinwurfweite an uns vorbeirauschte.

„Abfallen!" brüllte ich. „Sonst erwischt uns die Hecksee!"

Charly reagierte instinktiv und kurbelte das Rad weiter nach Backbord. Unendlich langsam drehte die Yacht ihre Nase aus dem Wind heraus. Doch dann erwischte uns die Hecksee der gewaltigen Schiffsschraube. Der Tanker fuhr ohne Ladung und dadurch mit wenig Tiefgang. Beinahe ließ sich die Oberkante des rotierenden Propellers erahnen. Unser Boot wurde zweimal derb durchgeschüttelt, woraufhin aus der Kajüte Protestschreie erschollen.

„Na, lebt ihr noch?" rief ich anschließend nach unten.

„Alles roger", knurrte ein Duett zurück.

„Alles noch an Bord?" grinste ich in die Runde der Deckspassagiere. „Durchzählen! Eins, zwei..."

„Ach, hör schon auf", meinte Candida. Man konnte sehen, wie ihre Knie schlotterten.

Ich wandte mich an Thea, die fassungslos den hoch in den Himmel hinaufragenden Tankeraufbauten hinterher sah.

„He, so kenne ich dich ja gar nicht! Du meckerst ja überhaupt nicht!"

Thea strich sich durch die vom Wind völlig verwuschelten Locken und grabbelte nach der Baseballkappe, die irgendwo auf dem Plichtboden lag. Beinahe geistesabwesend streifte sie sich die Kopfbedeckung über.

„Laß die verdammten Werbesprüche!" murmelte sie.

„Sorry", meinte Charly und schob sich wieder die Ohrhörer seines Walkman über den Kopf. „Hab' nicht aufgepaßt."

„Hätte ich auch müssen", räumte ich ein.

„Okay", bemühte sich Candida um Fassung. „Eins zu eins. Machen wir also weiter. Kurs hundertsiebzig Grad."

„Manöverschluck?" grinste Waldemar und kletterte noch immer etwas unsicher an Deck. Er trug zusätzlich zu seinem bandagierten Arm einen Stirnverband, den ihm Tommy angelegt hatte. Unter dem Verbandsmull sollte sich angeblich eine fünf Zentimeter lange Schramme verbergen.

„Aber immer", nickte ich ihm zu. Waldemar ließ sich auf der Luvseite nieder und verteilte den Sechserpack.

„Was ist eigentlich mit Murkel?" fragte ich beiläufig.

Waldemar grinste müde. „Der liegt in der Naßzelle und pennt. Ich weiß nicht warum, aber dort scheint er sich am wohlsten zu fühlen. Wahrscheinlich deshalb, weil er dort während unserer ex-

106

zellenten Segelmanöver nicht andauernd meterweit durch die Gegend rutscht."

„Zufriedenstellend", murmelte ich.

Langsam wurde es dunkel. Den Löwenanteil der Wegstrecke zwischen Südengland und der Nordspitze des Cotentin hatten wir zwar schon längst hinter uns gebracht, doch wir waren heute erst gegen zwölf Uhr und damit viel zu spät aufgebrochen. Immerhin betrug der Weg von Swanage nach Cherbourg gut und gerne sechzig Seemeilen und unter Zugrundelegung einer Durchschnittsgeschwindigkeit von annähernd sechs Knoten die Gesamtfahrtdauer zehn Stunden. Unser ETA (Estimated Time of Arrival – voraussichtliche Ankunftszeit) schätzte ich damit auf zehn Uhr in der Nacht. In Wirklichkeit elf Uhr, denn man mußte die Zeitverschiebung zwischen der Insel und dem Kontinent berücksichtigen. Bei unserer Ankunft würde es in Cherbourg also schon ziemlich finster sein.

Gegen neun Uhr wurden die Gesichter meiner Crew immer länger. Längst hatte man die ersten Lichter der nordfranzösischen Hafenstadt vor dem Schiffsbug auftauchen sehen wollen, aber nichts geschah. Wenigstens ließ der Großschiffverkehr nach Überquerung auch der nordöstlichen Bahn des Zwangsweges schlagartig nach. Südlich des 50. Breitengrades waren wir endlich wieder allein auf dem Wasser.

Schon unterwegs versuchte ich mehrmals hintereinander über den DECCA die genaue Position abzufragen, aber das Display zeigte nur mehr den höhnischen Hinweis „No Data!" Na, Mahlzeit! Ich wälzte mit Candida die Betriebsanleitung, ohne daß wir eine nennenswerte Schadenseingrenzung vornehmen konnten. Alles schien in Ordnung, nur anzeigen tat das blöde Ding nichts. Ich würde es in Cherbourg ausbauen und bei einem Bootsausrüster testen lassen. Hoffentlich gab es dort überhaupt eine Werksvertretung des Herstellers. Mir blieb die ganze Sache ohnehin ein Rätsel. Die AP-Navigatoren galten gewöhnlich als besonders betriebssicher.

Nun blieb nichts mehr anderes übrig, als den Landfall mit herkömmlichen Mitteln der Navigation vorzubereiten. Ich scharte zusätzlich auch Thea um mich. Noch immer steuerte Charly. Tommy leistete ihm Gesellschaft, und Waldemar versuchte uns ein Nachtmahl zuzubereiten. Waldemar gab mir immer wieder Rätsel auf. Noch vor einem Jahr kannte er Segelboote nur vom Hörensagen, im Herbst bestand er bereits am Bodensee quasi im Ruckzuck-Verfahren seinen Jollenschein, und jetzt bewegte er sich trotz seiner Verletzungen mit den Seebeinen eines erfahrenen Weltumseglers durch die Kajüte. Kein Mensch hätte dem blassen, hageren Verwaltungsangestellten mehr unterstellt, in Wirklichkeit eine Landratte zu sein, die zum ersten Mal in seinem Leben wirkliche Langfahrterfahrung sammelte.

„Wo, denkst du, stehen wir?" fragte Candida und strich die Falten des Überseglers glatt. Wir verwendeten für die Überfahrt die Passage Chart C 12 der Fa. Imray Laurie Norie & Wilson Ltd. Deren Sportbootkarten sind für Leute, die normale Seekarten gewohnt sind, ein wenig gewöhnungsbedürftig, weil sie eine gänzlich andere Farbgebung aufweisen. Höllisch aufpassen muß man in flachen Gewässern. Bei Imray deutet eine weiße Farbgebung die Flachwasserzonen an.

Ich deutete auf ungefähr 49 Grad 50 Minuten nördliche Breite.

„Irgendwo auf dieser Linie werden wir stehen", antwortete ich.

„Rechnet einmal nach. Wir sind jetzt beinahe neun Stunden unterwegs. Nach Sumlogstand laufen wir ziemlich genau eine Durchschnittsgeschwindigkeit von sechs Knoten. Was mich wundert ist, daß man von Cherbourg noch nichts sieht. Cherbourg ist eine riesige Hafenstadt. Da müßten doch Lichter zu sehen sein."

„Vielleicht ist es noch nicht dunkel genug", warf Thea ein. Sie warf einen Blick auf ihre Armbanduhr. „Es ist erst neun Uhr."

„Englische Zeit, Thea", entgegnete ich. „Stell deine Uhr eine Stunde vor. In Frankreich ist es jetzt schon zehn Uhr. Zehn Uhr MESZ."

„MESZ?" fragte Thea.

„Mitteleuropäische Sommerzeit. In England rechnet man nach

GMT oder auch Greenwich Meantime. Das ist gleichzusetzen mit UT oder Universal Time. Acht Uhr GMT beziehungsweise UT sind gleichbedeutend mit neun Uhr britischer Sommerzeit beziehungsweise UT plus eins oder zehn Uhr MESZ beziehungsweise UT plus zwei. Ihr müßt höllisch aufpassen, wenn ihr auf einem Törn von einer Zeitzone zur nächsten die Gezeiten berechnen wollt. Da kommt man rasch ins Schleudern."

„Sorry, wenn ich aufdringlich bin", bemerkte Candida, die wieder alles genau wissen wollte, „aber geht es bei unserer Standortbestimmung nicht ein wenig genauer? Ich meine, können wir nicht die Position auch nach rechts und links ein bißchen exakter bestimmen?"

Ich schmunzelte. „Du meinst nach Osten oder Westen. Also den ungefähren Längengrad bestimmen? Ja, das könnten wir, sofern wir genau Stromabdrift berechnen, die während eines Tidenverlaufs ständig variiert. Eine Irrsinnsrechnerei! Ich überschlage es einfach einmal im Kopf. Irgendwann gegen Nachmittag kenterte die Tide. Der Strom lief zuletzt mit dem Wind. Es ist euch sicher an den Wellen aufgefallen. Plötzlich trug die See keine Schaumkronen mehr. Ich hab es im Kopf überschlagen. Die Stromabdrift hebt sich praktisch auf. Fünf Stunden hatten wir Flutstrom in Richtung Nordosten, die restliche Zeit ablaufendes Wasser in umgekehrter Richtung."

„Bleibt also nur noch die Beschickung für Wind zu berechnen", meinte Candida und suchte ihr Lehrbuch.

Ich konnte ein Grinsen nicht verbergen. „Ja, ja, dann mach' mal. Viel Vergnügen beim Rechnen und Zeichnen. Ich gebe dir einen Tip. Zeichne einfach den Kurs ein und rechne bei dem Wellengang mit fünf Grad Abweichung nach Westen. So liegst du ungefähr richtig. So, und wenn du alles genau berechnest..."

„Welchen Kurs überhaupt?" unterbrach mich Candida. „Wir können doch nicht einfach den Kompaßkurs nehmen."

„Im Prinzip nicht, in der Praxis schon", erwiderte ich. „Eine Deviationstabelle gibt es hier an Bord nicht. Auf einem reinrassigen Kunststoffboot mit einer kleinen Hilfsmaschine im Bauch kann man die Ablenkung getrost vergessen. Auch wenn die Herren Lehrbuchautoren immer wieder etwas anderes behaupten. Mißweisung? Ja, die existiert natürlich. Schau auf die Karte. Sie beträgt in diesem Bereich etwa vier Grad West. Na schön, wenn du willst, dann rechne die vier Grad halt dazu. So genau kann der da oben sowieso nicht steuern."

Candida schaute mich verwirrt an.

„Also, wenn du mich fragst, verstehe ich das alles nicht im geringsten", meuterte sie ungeduldig. „Das kann man doch nicht Navigation nennen. Das ist doch Murks. Ich komme mir vor wie im Mittelalter, als die Leute noch glaubten, westlich von Gibraltar fällt man von der Scheibe herunter. So würde ich jedenfalls nicht durch ein Riffgebiet wie das innerhalb der Kanalinseln segeln wollen."

„Das sollst du auch nicht", warf ich ein. „Durch die Riffe vor den Inseln segeln wir nur, wenn wir genau sehen, wo wir tatsächlich entlang fahren. Also nur bei Tageslicht und nur bei guter Sicht. Zugegeben, ich habe zu Beginn der Überfahrt nicht sonderlich genau mitgekoppelt, sondern mich erst einmal mehr um euch gekümmert. Ihr solltet erst einmal ein Gefühl für das Schiff erhalten. Wenn man auf fünf Grad genau navigiert, dann bekommen die Rudergänger da oben rotgeäderte Augen vom Starren auf den verdammten Steuerkompaß, und der Navigator muß jede noch so geringe Kursänderung sofort in die Karte einzeichnen. Na, ich hätte dich sehen wollen. Du wärst nicht mehr vom Kartentisch weggekommen. Um dich zu beruhigen: natürlich habe ich die Abdrift und die Mißweisung während der Fahrt immer grob berücksichtigt. Eigentlich hätten wir zehn Grad mehr steuern müssen, um Cherbourg direkt anliegen zu können. Aber jeder unerfahrene Rudergänger bringt sein Boot ganz unbewußt immer erst ein wenig höher an den Wind."

„Toll", erwiderte meine Co-Navigatrice. „Unsere Schiffsortbestimmung ist so genau, daß wir noch nicht mal den europäischen Kontinent treffen."

Thea grinste über das ganze Gesicht. Ich hätte sie am liebsten zu den Haien geschmissen. Doch leider gibt es im Westteil des Englischen Kanals höchstens noch ein paar Katzenhaie. Und die kümmerten sich kaum um rothaarige Theologie-Emanzen. Nur, wieso wir Cherbourg noch immer nicht ausmachen konnten, blieb mir ein Rätsel.

„Und nu?" versuchte Waldemar abzulenken und beugte sich dabei über unsere Schultern.

„Wie, und nu?" fragte ich zurück. „Ganz einfach. Entweder, wir sehen in spätestens einer halben Stunde Land, oder wir sind ganz woanders, als wo wir meinen, sein zu wollen."

Thea verdrehte die Augen. „Schönes Deutsch!"

Auch Candida stöhnte auf.

Waldemar brach in helles Gelächter aus. „Prost, Mahlzeit! Na, dann bereite ich wohl besser schon mal ein paar Kanapees vor. Das kann ja noch heiter werden."

Langsam zog die Nacht ins Land. Besser gesagt: über See. Candida navigierte unterdessen tapfer weiter. Das heißt, sie koppelte von unserem U.O., unserem ungefähren Ort aus mit. Ich war ratlos. Wo steckten wir, zum Henker? Meinem Koppelkurs in der Karte zufolge hätten wir längst an irgendeinem Schlengel im Yachthafen von Cherbourg vorbeifahren müssen. Aber hier draußen war weit und breit weder Land noch die müdeste Funzel auszumachen. Wenn bloß die Sicht bei Einbruch der Dämmerung nicht auch noch zu allem Überfluß zurückgegangen wäre!

Plötzlich schrie Candida auf und wies auf ein Licht am Horizont hin. Ein Blitzfeuer.

„Schaut mal! Das Leuchtfeuer!" stammelte sie.

Immer noch stand Charly am Ruder. Das war mir lieb so, denn mir war aufgefallen, daß er das schwere Schiff von Stunde zu Stunde besser auf Kurs hielt. An Deck hockten zusätzlich Waldemar, der momentan noch den frischesten Eindruck hinterließ. Ich wollte den Rest der Truppe eigentlich in die Koje schicken, aber sie waren so aufgekratzt, daß sie nicht schlafen gehen mochten. Bei Candida wurde ich den Eindruck nicht los, daß sie mir so lange wie möglich auf die Finger schauen wollte. Toll! Spätestens nach Mitternacht würde ich der einzige sein, der noch die Augen würde aufhalten können, und dann segelte ich ein Schneewittchen-Schiff mit lauter ratzenden Segelanfängern durch eine völlig unbekannte Gegend. Hoffentlich hielt wenigstens Waldemar solange durch. Ich kletterte hinunter an den Navigationstisch und suchte das Blitzfeuer, das Candida am Horizont ausgemacht hatte, in der Imray-Karte. Ach, du große Schei...! Das durfte doch nicht wahr sein! Wenn die das draußen spitz kriegten, dann konnte ich mich gleich in Cherbourg in den Zug setzen und mit der Bahn nach Hause fahren. Dann war meine Autorität als Fährtenleser zur See endgültig zum Teufel. Oh, welche Schande! Solch eine Kompaßabweichung gab's gar nicht! Wie sollte ich mich da bloß wieder herausreden? Unberechenbare Strömungen? Unkalkulierbarer Windeinfluß? Zu hohe Abdrift bei Springtide? Pech, es herrschte Mittzeit. Auf jeden Fall hieß es jetzt die Nerven bewahren und versuchen zu retten, was es noch zu retten gab. Doch ich sollte überraschenden Beistand erhalten.

Ich hatte meine Gedanken noch nicht ausgesponnen, da stürzten auch schon Candida, Thea und Waldemar in die Navigation, schubsten mich zur Seite und beugten sich über die Karte.

„Was ist das denn nun für eine Tonne da vor uns?" fragten Thea und Charly beinahe gleichzeitig.

„Das ist keine Tonne", erklärte Candida. „Das ist ein Leuchtfeuer. Wir sind ein bißchen nach Osten vom Kurs abgekommen." Ich stutzte. Beinahe wäre ich laut herausgeplatzt.

„Nach Osten?" plärrten stattdessen die beiden anderen wie aus einem Munde.

„Positiv! Naja, nicht der Rede wert. Wir halten jetzt Südwestkurs, und ihr werdet sehen, bald schon tauchen die Lichter von Cherbourg an Backbord auf."

„... und wenn sie nicht gestorben sind, dann leben sie noch heute", murmelte ich still vor mich hin.

„Wie bitte?" fragte Candida.

„Um welches Leuchtfeuer handelt es sich deiner Meinung nach überhaupt?" überging ich ihren Einwand. Wir hockten wieder in der Plicht. Ich warf einen Blick auf den Steuerkompaß, auf dem gerade 270 Grad West durchgingen.

„Na, Barfleur", antwortete sie knapp. „Was sonst?"

Wie bitte, wollte ich jetzt aufbrausen, weil ich glaubte, meinen Ohren nicht trauen zu können.

Candida setzte wie zur Bekräftigung eine sichtlich befriedigte Miene auf.

„Und das nennst du ‚ein bißchen vom Kurs abgekommen'? Beinahe wären wir praktisch wieder zurück nach Holland gesegelt, stimmt's?" warf Waldemar plötzlich dazwischen.

„Ich habe vermutlich beim Steuern instinktiv ein bißchen zu weit vorgehalten", entschuldigte unser Dauerrudergänger und setzte die Ohrhörer seines Walkman ab. „Ich dachte, daß uns die Strömung unter Umständen an Cherbourg vorbei treibt und wir dann den ganzen Weg zurück kreuzen müßten."

„Siehst du?" stellte Candida ostentativ fest. „Du hast ja selbst gesagt, daß diese Möglichkeit besteht."

„Wer's glaubt wird selig. Wer nicht glaubt, kommt auch in den Himmel", murmelte ich vor mich hin. Unser weiblicher Bordpfarrer warf mir einen vernichtenden Blick zu.

Ich seufzte. Das Leuchtfeuer war alles andere, bloß nicht Barfleur, aber ich vermied es, hier und an dieser Stelle den Oberlehrer herauszukehren. Man kennt ja das Sprichwort: „Wer im Glashaus sitzt..."

Die Zeit verging, Westkurs lag an, aber vom Lichtermeer der nordfranzösischen Hafenstadt war meilenweit nicht das Geringste zu erahnen. Da! Nach weiteren langen zehn Seemeilen das nächste Licht.

„Na endlich!" stieß Candida ein wenig zu vorschnell aus.

„Was sehen wir?" erkundigte sich Charly, den ich inzwischen abgelöst hatte und der jetzt herzhaft gähnte. Die letzten Nächte waren infolge unserer Busfahrt quer durch Nordwesteuropa und unseres Alarmstarts in Southampton ohnehin ziemlich kurz gewesen. Alle meine Schützlinge deuteten ihre Wachsamkeit jetzt in immer kürzeren Abständen mit weit aufgerissene Mündern an.

„Na, das Licht da vorne."

„Fein", meinte Tommy. „Und was zeigt uns das?"

„Das nächste Blitzfeuer. Das muß die West-Einfahrt von Cherbourg sein! Endlich!"

Candida beugte sich weit über die Reling und deutete nach Süden.

Komm von deinem Roß herunter, dachte ich still bei mir. Und wo sind die Lichter von Cherbourg, Mädchen? Was wir vor einer Dreiviertelstunde gesehen haben, war alles andere als Barfleur, liebste Candida!

„Und wo ist dann bitte schön das Lichtermeer von Cherbourg?" nahm mir auch sogleich Thea das Wort aus dem Munde. „Da ist stockfinstere Nacht, mein Engel. Sollte es heute nacht in Nordfrankreich etwa allerorts Stromausfall geben?"

Candida schaute verblüfft in die Runde und zuckte schließlich die Achseln.

„Jetzt weiß ich auch nicht mehr weiter." Jemand lachte müde.

„Skipper?" fragte Tommy und schaute mich aufmunternd an.

„Wollt ihr wirklich wissen, was ich glaube, wo wir sind?"

„Ja, bitte", tönte es wie aus einem Munde.

„Sorry, aber ich weiß es im Moment auch nicht so genau. Ehrlich gesagt, es ist mir ein Rätsel."

„Und was machen wir jetzt?" fragte Tommy.

„Wir segeln erst einmal auf diesem Kurs noch ein Stück weiter, was sonst?" erwiderte ich.

„Klar", meinte Thea schnippisch. „Immer nach Westen. Denn da liegt Amerika!"

Nach kurzer Zeit ging das lustige Lichterraten weiter. Querab tauchte im Süden ein weiteres Leuchtfeuer auf. Eine Fünfergruppe mit Blitzen. Ich überlegte fieberhaft. Mir fiel nur eine einzige Lösung ein, aber die schien so abenteuerlich, daß ich daran gar nicht zu denken wagte. Ich schwang mich hinunter in die Navigation und riß die Sportbootkarte an mich. Ich kramte eine

114

Detailkarte hervor und suchte entsprechende Angaben im Leuchtfeuerverzeichnis, das allerdings schon seit einem Jahr nicht mehr berichtigt worden war. Dennoch lief alles auf dasselbe hinaus. Entweder man hatte entlang der gesamten Nordküste des Cotentin die Kennungen sämtlicher Leuchtfeuer geändert und ein schlimmer Stromausfall lastete über dem Land, oder aber wir befanden uns mit der Yacht etwas nördlich von Casquets und waren wirklich auf dem besten Weg in die Neue Welt. Ich begriff die Welt nicht mehr. So etwas war mir noch nie passiert!

„Was nun?" fragte ich mich. Gedankenverloren knipste ich den DECCA an, und siehe da, als ich ihm die von mir zwar als völlig absurd eingeschätzte Position eingab, zeigte er wenigstens schon einmal sein gelbes Kontrollicht. Damit stand der Wegpunkt zwar nur ungefähr fest, aber ungefähr war wenigstens schon einmal mehr als gar nichts. Langsam keimte in mir immer mehr und mehr der Verdacht, daß ich mit meiner anfänglichen Vermutung tatsächlich noch Recht behalten sollte. Ich fand im Macmillan den Hinweis, daß es entlang der französischen Küste keine verwertbaren DECCA-Ketten gab. Unser Navigationscomputer, der mit landgestützten Sendeanlagen kommunizieren mußte, brauchte sie aber, um brauchbare Ergebnisse auszuspucken. Hinzu kam, daß DECCA während der Dämmerung ohnehin nur sehr sporadisch funktioniert. Kein Wunder also, daß unser Gerät erst jetzt erste Anzeichen von Kooperationsbereitschaft zeigte. Ich blätterte nochmals in dem nautischen Almanach. Tatsächlich! Alles deutete darauf hin, daß wir ganz woanders hingetrieben waren. Nur, warum? Das mußte ich schon der Schiffssicherheit wegen unbedingt herausfinden.

„Peter", meinte Candida, als ich wieder im Cockpit erschien.

„Was gibt's?" fragte ich.

„Schau mal da vor uns. Da sind Lichter, die sich bewegen."

„Berufsschiffe", konstatierte ich. „Berufsschiffe?" stöhnte Thea auf. „Ja, fahren wir denn wieder zurück, oder was?"

Ich nahm Tommy das Steuerrad ab und drehte den Bug ganz sacht und immer mehr in Richtung Süden.

„Sagt mal, Leute", meinte ich nach einer Weile, weil meine Crew immer häufiger den Mund so weit aufriß, als säße sie in Zahnarztbehandlungsstühlen.

„Was haltet ihr jetzt endlich vom Pennen? Das wird bestimmt noch eine lange Nacht. Ich halte mit Waldemar zusammen schon durch. Vielleicht müssen wir unter Umständen irgendwo ankern. Dann brauche ich eine halbwegs ausgeschlafene Wache."

Tommy, Charly und Candida ließen sich meine Aufforderung nicht zweimal sagen. Thea hatte sich längst schon nach unten begeben und schnorchelte auf der Salonkoje mit Murkel um die Wette. Der kleine Terriermischling lag fest in ihren Arm gekuschelt. Normalerweise habe ich etwas dagegen, wenn sich Hunde auf den Salonpolstern lümmeln, aber heute warf ich nur eine Decke über die Schlafenden und kletterte nach einem kurzen Blick auf die Karte wieder zurück in die Plicht.

„Das hast du doch nicht unabsichtlich gemacht, oder?" fragte Waldemar. Ich schwieg und schmunzelte.

„Also, komm schon. Wo sind wir wirklich?"

Ich sagte es ihm, und er pfiff durch die Zähne.

„Casquets? Du lieber Himmel, wo ist denn das?"

„Erst war ich mir auch nicht sicher", antwortete ich, „aber als schon wieder Berufsschiffahrt am Horizont auftauchte, war alles klar. Hinter Casquets, das ist ein Steinhaufen westlich von Alderney, verläuft nämlich wieder eine Schiffahrtsroute. Weiß der Teufel, aber irgend etwas scheint mit unserem Steuerkompaß nicht zu stimmen. Eine gewaltige westliche Ablenkung."

„Bist du sicher?" fragte Waldemar und knackte zwei Büchsen Whitbread auf.

„Ja, leider", antwortete ich und nahm eine entgegen. „Als nämlich der DECCA plötzlich wieder auf meine Positionsangaben reagierte, fiel es mir wie Schuppen von den Augen. Schon als ich das Gerät vor Stunden das erste Mal mit Wegpunktdaten fütterte, standen wir bereits viel zu weit westlich. Der DECCA besitzt jedoch keine automatische Standortbestimmung. Man darf die Koordinaten nie mit einer Ungenauigkeit von mehr als maximal fünf Seemeilen eingeben. Schließlich folgte noch der Dämmerungseffekt. Das ist der Grund, warum er dauernd nur ‚No Data‘ anzeigte.“ „Und nu?“ fragte er betont einfältig, während er die Segel auf halben Wind dichtholte und ich mehr und mehr auf Südkurs einschwenkte.

Ich nickte nachdenklich. „Nach Alderney zurück gegen Wind und Tide schaffen wir nie. Zumindest würden einige von uns ziemlich grün im Gesicht. Alderney ist sowieso nicht das Gelbe vom Ei. Die nächste Insel wäre Guernsey.“

„Und wenn wir die auch nicht treffen?“ fragte Waldemar.

„Dann bliebe noch Jersey.“

„Und wenn auch die an uns vorbeirauscht?“

„Saint Malo.“ „Saint Malo ist gut!“ nickte Waldemar aufgeregt. „Da wollte ich schon immer einmal hin.“

„Mag sein“, beschwichtigte ich. „Aber soviel Zeit haben wir leider nicht. Wir müssen in zehn, elf Tagen wieder zurück am IJsselmeer sein. Nächstes Mal, okay?“

„Okay“, murmelte Waldemar einsilbig.

„Na, nun knurr hier nicht herum“, entgegnete ich. „Guernsey und Saint Peter Port sind auch schön.“

„Sind auch schön“, wiederholte er enttäuscht. Seine Gedanken kreisten anscheinend immer noch um Saint Malo. Im Halbdunkel konnte ich sehen, daß er sich zurücklehnte und anscheinend Charlys Musik aus dem Walkman hörte. Jedenfalls hatte er die Ohrhörer auf dem Kopf.

Gedankenverloren warf ich einen Blick auf den rot beleuchteten Steuerkompaß. Was war denn das? Eben steuerte ich noch Südkurs, und auf einmal zeigte der Kompaß nur noch ungefähr 160 Grad. Ich korrigierte den Kurs. Waldemar blickte hoch, weil er merkte, daß der Wind aus einer anderen Richtung einfiel.

„Was ist los?“ fragte er.

„Der Steuerkompaß spinnt“, antwortete ich. „Plötzlich hatte ich eine Abweichung zwischen 15 und 20 Grad nach Osten.“

„Vielleicht lag’s am Walkman“, räumte der Schwabe beiläufig ein.

„Am Walkman?"

„Ja. Charly hatte das Gerät mit einem Metallhaken an den Haltegriff der Steuersäule gehangen. Das ist praktisch. Man hat das Ding nicht andauernd vor dem Bauch hängen."

Ich lachte laut auf. „Hänge ihn nochmal so hin wie vorher", forderte ich ihn auf. Waldemar tat wie befohlen, und plötzlich zeigte der Kompaß 15 Grad mehr südwestlich.

„Des Rätsels Lösung?" brummte Waldemar.

„Ab sofort herrscht absolutes Disco-Verbot im Cockpit", erwiderte ich grimmig.

Wesentlich beruhigter konnte ich von nun ab die *Voyage* auf raumem Kurs und wieder auf Südkurs durch die Nacht preschen lassen. Waldemar und ich nahmen eine Vierstrichpeilung vom Casquets-Leuchtfeuer, damit wir endlich einen genauen Standort in die Karte zeichnen und vernünftig weiterkoppeln konnten. Der Seegang nahm im Schutze der nördlichsten Kanalinsel und der Halbinsel Cotentin merklich ab. Der Ostwind konnte hier in der Bucht von Saint Malo nur wenig Seegang aufbauen. Ich horchte in die Kajüte. Stille herrschte. Längst waren auch die Kabinenbeleuchtungen ausgegangen. Waldemar und ich waren praktisch die letzten, die noch wach waren. So mochte ich das Segeln. Allein auf einem für meine Verhältnisse riesigen Boot durch unbekannte Gewässer. Abenteuer pur. Na, hoffentlich übernahm ich mich nicht schon wieder.

Kurz darauf mußte ich mich dann entscheiden. Wo sollte ich also hin? Mit fünf unerfahrenen Greenhorns wollte ich keinesfalls nachts durch Little Russel segeln. Da hieß es genau navigieren, denn die Durchfahrt zwischen Herm und Guernsey war schmal und gespickt mit Untiefen. Und da brauchte ich einen erfahrenen Rudergänger, während ich unter Deck die Wegstrecke mitkoppelte. Blieb also höchstens noch die breitere Passage Big Russel. Aber die war dummerweise nicht befeuert und führte zwischen den Inselchen Herm und Sark hindurch. Ich übergab Waldemar das Ruder und warf unter Deck nochmals einen Blick auf die Imray Chart Nr. 33 A und die Admiralty 807/808, die Detailkarten für den Nordteil der Kanalinseln. Als ich die Kurse ausgetüftelt hatte und wieder hinter den Speichen des Ruderrades hockte, kletterte Waldemar in die Kajüte und kochte Kaffee. Als ich schließlich den ersten Schluck nahm, zuckte ich zurück.

„Meine Güte", stieß ich aus. „Der kann ja Tote aufwecken."

Der Schwabe grinste. „Nicht schlecht, was? Tja, als Junggeselle lernt man so einiges. Cognac gefällig? Ich hätte da den guten Napoleon V.S.O.P. anzubieten."

„Später vielleicht", murmelte ich und setzte die Kaffeetasse erneut an den Mund. „Schnaps macht mich jetzt müde. Wenn wir vor Anker liegen, können wir uns meinetwegen einen hinter die Binde gießen."

„Vor Anker?" fragte Waldemar.

„Yes, Sir", antwortete ich zackig und salutierte knapp. „Wir nehmen jetzt unmittelbar Kurs auf Corbée du Nez, das Leuchtfeuer an der Nordseite des Inselchens Sark. Unterhalb des Leuchtturms gibt's zwei Buchten. Die Banquette Bay und die La Grand Greve. Sehr beliebt bei Sommerfrischlern. Na, zu dieser Jahreszeit wird dort nicht allzuviel los sein. Zwischen den Buchten liegt das Inselchen Brecqhou. Privatbesitz. Na, egal. Will sehen, daß wir bis in die Grande Greve kommen. Dort werfen wir Anker und hauen uns in die Falle. Einverstanden?"

„Liegen wir da geschützt?"

„Bei Ostwindlage wie in Abrahams Schoß", entgegnete ich.

„Na gut", nickte Waldemar. „Oh, ich sehe schon das vierzehn Meter hohe und acht Seemeilen weit reichende Blitz vier, weißrot, fünfzehn Sekunden von Corbée du Nez!"

Ich schaute ihn verblüfft an.

„Nicht nur du kannst Seekarten lesen", lachte er breit.

Verdammt, der Schwabe lernte schnell!

120

Inselimpressionen

Platsch! Platsch, platsch!

Salzwasser spritzte und weckte mich dadurch vollends aus dem Halbschlaf. Ich schlug die Augen auf. Ein mattes Blau deckte den Himmel zu. Vögel zwitscherten irgendwo in Landnähe. Leicht plätscherten die Wellen gegen glasfaserarmiertes Plastik. Im ersten Moment blieb vor meinem geistigen Auge völlig unklar, wo ich mich hätte aufhalten können. Sanft streichelte mich ein Windhauch. Warm war es. Warm und sonnig. Ergeben schloß ich wieder meine Augen. Ein merkwürdiger Duft stieg in meine ebenfalls noch verschlafene Nase und überzog die noch müden Geruchsnerven. Eine Mischung aus Salzwasser, Schlick, Freiheit und Abenteuer und frisch gebrühtem Kaffee. Das mußte das Paradies sein. Lieber Gott! Mach doch, daß ich im Himmel bin und nie wieder aufwachen muß! Im Himmel für Seeleute. Oh, wäre das schön!

„He, du Schlafmütz'! Hallo, Gevatter! Es ist neun Uhr! Das gibt's doch wohl nicht! Aufstehen, zum Henker!"

So viele Ausrufezeichen auf einmal war ich am frühen Morgen nicht gewöhnt. Vorsichtig schlug ich die Augen erneut auf. Über mich beugte sich eine triefnasse Theologiestudentin und wrang ihre roten Haare aus, daß es nur so herumspritzte. Nix Paradies! Das war wohl nichts! Die Realität hatte mich wieder. Ich kniff die Augenlider noch einmal demonstrativ zusammen.

„Hallo, Peter! Aufstehen! Ja, das gibt's doch nicht! He, Männer, helft mir mal!"

Schon wieder viel zu viele Ausrufezeichen. Sechs Arme rissen mich empor, und Bruchteile von Sekunden später war ich dann endgültig wach. Ich wechselte blitzschnell vom trockenen in den feuchten Aggregatzustand, wobei ich gezwungen war, im eiskalten Wasser der Greve Bucht an der Westseite des Inselchens Sark herumzupaddeln. Das blieb Pflicht, denn sonst wäre ich ertrunken. Fluchend und spuckend kraulte ich an die Steuerbordseite des Schiffes vorbei und kletterte die Badeleiter hoch.

„Ah", begrüßte mich Waldemar, der in diesem Moment den Cockpittisch für das anstehende Frühstück deckte. „Auch schon wach? Mann, hast du vielleicht einen Schlaf!"
Ich wußte nicht, ob ich sauer oder einfach nur angefressen sein sollte. Verdammte Bande! Schmissen mich doch diese Landratten tatsächlich mitten in der Nacht in den Atlantik! Mich, den Kapitän und Skipper. Den Next to God. Ja, wo war ich denn?
Schwer atmend ließ ich mich auf der Backbordsitzducht nieder und schälte mich aus der patschnassen Jeans und dem ebenso feuchten Sweatshirt. Himmel, bei diesen Temperaturen konnte man sich ja den Tod holen!
Candida kletterte mit blauen Lippen und in ebenso blauem Bikini die Badeleiter herauf. Ihr gesamter Oberkörper war mit Gänsehaut bedeckt.
„Herrlich!" schrie sie unangenehm gut gelaunt. „Wo stecken wir hier eigentlich?"
„Sark", antwortete Waldemar gelangweilt und verschwand wieder nach unten, um die frisch aufgebackenen Brötchen ans Tageslicht zu holen. Ja, es war schon eine Freude, einen Mini-Bocuse an Bord zu wissen. Es schien kaum verwunderlich, daß niemand mehr von einem Wachplan sprach. Die Mädels am allerwenigsten.
„Sark?" fragte Thea. „Ist das denn überhaupt bewohnt? Ich denke, Sark ist ein öder Steinhaufen im Meer."
„Da täuschst du dich aber", widersprach Charly. „Sark ist so ziemlich das, wovon jeder Drittland-Potentat heute noch träumt. Das kleinste Territorium des Commonwealth. 600 Einwohner. 40 Traktoren. Autos sind nämlich nicht zugelassen. Inhaber ist ein gewisser Michael Beaumont. Flugzeug- und Raketeningenieur. Er herrscht über knapp zwanzig Quadratkilometer Land mit eigenem Regierungssitz und eigener Flagge. Es ist die St. George's Flag mit dem normannischen Kreuz. Abgaben sind unbekannt. Ein Paradies für Steuerflüchtlinge, kann ich euch sagen."
Wir starrten ihn entgeistert an. Charly hatte sich in seiner Begeisterung für diese Seigneurerie, wie man diesen kleinen

Feudalstaat korrekterweise nennt, regelrecht in Wallung geredet. In seinen Augen verschwanden die Pupillen. Stattdessen erschienen dort Dollar- und Pfundzeichen. Seine Hände begannen zu zittern, wurden schweißnaß. Himmel! Charly war im Geldfieber.

„Steuerflüchtlinge", betonte Thea.

„Ja, sicher", ereiferte sich unser Juppie aus Frankfurt. „Also, ich könnte euch da Stories erzählen..."

„Behalte sie für dich", knurrte Tommy, der ohnehin eher einer roten anstatt einer schwarzen politischen Richtung zugeneigt schien. „Mir reichen schon die Typen in dunkelgrauem Anzug und mit Schlips, die zu bestimmten Terminen mit Kuponbogen und Schere am Bankschalter erscheinen."

„Ach", grinste Charly anzüglich. „Du scheinst dich in diesen Dingen ja verdammt gut auszukennen."

„Kann ich eine Tasse Kaffee haben?" rief Candida und versuchte die Stimmung zu retten. Jeder von uns erwachte nach und nach aus jener gewissen Erstarrung, die immer dann bei deutschen Bundesbürgern auftritt, wenn unvorhergesehen die Rede auf Tafelwertpapiere, Zinsen und das Finanzamt kommt.

„Äver sicher dat", antwortete Thea in breitestem Bronx-Kölsch, packte die Thermoskanne und goß ihr großzügig ein. Das Eis war gebrochen, die kleinen grünen Dollarscheine trieben mit der Tide seewärts. „Und wo genau?" wollte Thea nach einer Weile wissen. Die anderen knatschten mit den Zähnen die zwar aufgebackenen, aber ziemlich rasch wieder weich werdenden Brötchen vom Vortage durch.

Ich hatte auf diese Frage gewartet. „Exakt zwischen Grand und Little Sark in der Bucht La Grande Greve. Wenn du es ganz genau wissen willst, in Port es Saies. Noch genauer? Unmittelbar auf der 5-Meter-Tiefenlinie. Wie, noch genauer? Na, gut. Neunundvierzig Grad..."

„Ist ja schon gut, Skipper", unterbrach mich Candida. „Wir glauben dir auch so, daß du deine Hausaufgaben gemacht hast. Auch wenn das letzte Nacht nicht ganz so den Anschein hatte." Sie grinste breit. Thea begann schallend zu lachen.

„Sehr vornehm ausgedrückt, liebste Candida. Ich würde eher sagen, daß wir uns auf diesem Ententeich hier verirrt haben wie Hänsel und Gretel im Wald."

Mir blieb beinahe die Spucke weg. „Wie bitte?" knotterte ich los. „Ententeich? Ach nee, aber vor lauter Berufsschiffahrt schon nach einer Stunde den seemannschaftlichen Durchpfiff in der Hose bekommen, oder? Wie meintest du weiter? Verirrt? Ach, was! Aber bis Sark und in genau diese winzige Bucht habe ich es aber doch noch geschafft, nöch? Und das auch noch in stockfinsterer Nacht."

„Gib nicht so an", holte mich Thea von meinem hohen Roß herunter. „Darf ich dich daran erinnern, daß wir deiner unmaßgeblichen Routenplanung zufolge gestern lange vor Einbruch der Dunkelheit in Cherbourg hatten anlegen wollen. Da scheint mir Sark wohl schon ein wenig vom Wege abgekommen zu sein, oder irre ich mich, oder höre ich Zustimmung, oder wie, oder nein, oder doch?"

„Also, ich glaube es nicht", fuhr ich auf. „Da kämpft man sich durch Nacht und Nebel, und das ist also der Lohn? Undankbare Bande! Sucht euch das nächste Mal einen Blöderen."

„Nicht gleich weinen", konterte Waldemar vergnügt und kniff ein Auge zu. „Übrigens, nur damit ihr euch hier keine falschen Schwachheiten einbildet. Peter kann absolut nichts dafür, daß wir so weit an Cherbourg vorbeigesegelt sind."

„Ach?" bemerkte Thea und kniff ebenfalls anzüglich ein Auge zu. „Da bin ich aber neugierig", murmelte Charly zwischen zwei Brötchenhälften. „Du mußt ganz still sein", brummte ich. „Du gehörst wie gewöhnlich zu den üblichen Verdächtigen."

„Hä?" fragte Thea. Charly verschluckte sich fast.

„Das heißt übrigens ‚Wie bitte?', mein Engel", korrigierte ich sie. „Also, Walkman-Hören ist ab sofort in einem Umkreis von zwei Metern vom Steuerkompaß, also praktisch in der gesamten Plicht, verboten. Und erst recht haben sämtliche elektronische, magnetische oder sonstige metallene Gegenstände in Kompaßnähe nichts verloren. Ist das klar?"

124

„Ach, du Schei...!" murmelte Charly weiter. Er bereitete ihm sichtlich Mühe, den Rest des Brötchens herunterzuschlucken. Er wurde so klein, daß ich befürchtete, er versinkt in den Kapokkissen.

„Das kannst du laut sagen! Wir hatten wegen deines am Steuerkompaß angehängten Walkman eine Ablenkung zwischen 15 und 20 Grad nach Westen."

„Mein Gott, das konnte man doch nicht ahnen!" stieß Candida aus.

„Nee, Mädel", bestätigte ich. „Soviel Dummheit konnte selbst ich nicht ahnen. Sagt mal, was lernt ihr eigentlich in der Segelscheintheorie? Nur, wie man dem Verbandspräsidenten die Hand schüttelt, oder was? Also, für die Zukunft gilt: jeder, der irgend etwas Exotisches an Bord verbringt oder irgend einen neuen Spaß ausprobieren will, holt sich dafür erst einmal bei mir die Erlaubnis."

„Ja, Herr und Gebieter!" stöhnte Thea.

„Ich bitte darum, bezaubernde Jeannie!"

Eine Stunde später waren wir schon wieder unterwegs. Was war passiert? Sark und insbesondere die felsenumsäumte, türkisgrüne Bucht von Grand Greve, deren Färbung erst hinter der Fünfmetertiefenlinie alsbald in ein sattes Blau überging, lud doch wohl zu einem etwas längeren Verbleib ein. Zumal dann, wenn man für die Anfahrt solange wie wir gebraucht hatte.

„Paß gefälligst auf, wo du hinfährst!" knurrte Thea und drückte den verschreckten Murkel an ihre ansehnliche Brust. Sie hockte im Bug des Bordschlauchers, während Tommy und ich versuchten, das Ding beim Anlanden nicht umzuwerfen. Thea trug heute morgen zur Feier des herrlichen Frühsommertages und zur Erbauung der in der seichten Uferzone herumpaddelnden Tagestouristen den knappsten Bikini, den ich je außerhalb von Dessousmodeschauen gesehen hatte. Himmel! Wenn das demnächst die Mutter Oberin sah! Thea sprang über den Gummiwulst und half dem Terriermischling an Land. Und damit begannen unsere Probleme.

„Good morning, Ma'm", grüßte ein sehr britisch aussehender Gentleman, der bis zu den strammen Waden seiner käseweißen Stachelbeine in der Bucht stand. „Beautiful morning, isn't it?"

„Oh, good morning, Mister", antwortete Thea erfreut.

„Wau!" meinte Murkel.

Der Gentleman mit dem Schnurrbart, der vom Aussehen her jedem Brigadeoffizier in der Indientruppe des Vereinigten Königreichs zur Ehre gereicht hätte, starrte sie entgeistert an. Ich nickte verlegen und schubste das Schlauchboot samt Charly an Land.

„Was hat er denn", fragte unser angehender Greenpeace-Aktivist. „Der machte ja ein Gesicht, als wäre ihm der Leibhaftige erschienen."

„Ist er auch", nickte ich nachdenklich.

„Nanu?" meinte Candida, die hinter uns aus dem Schlauchboot gekrabbelt kam.

„Na, der Junge hat an deiner Aussprache gleich gemerkt, daß wir nicht aus Großbritannien sondern vom Kontinent kommen. Und daß Murkel somit auch vom Festland kommt. Und Hunde, die von dort her kommen, werden hier mit ähnlicher Begeisterung aufgenommen, wie Zombies während einer Christmette im Kölner Dom."

Candida schaute Thea nach, die mit Murkel zusammen in Richtung Berghang hochlief. Schließlich stutzte sie.

„Moment mal. Das heißt doch nicht etwa..."

„Doch. Heißt es. Leider."

„Und nu?" fragte Tommy.

„Nix, und nu", antwortete ich. „Schätze, wir werden gleich aus dem gelobten Land vertrieben."

Und so kam es auch. Murkel hatte sich kaum hingehockt, um sein großes Geschäft zu erledigen, da kam auch schon eine Hundertschaft aufgebrachter, weil von dem englischen Gentleman – wie sagt man so schön? – problembewußt gemachter Insulaner auf uns zugestürmt. Es hätten nur noch Mistgabeln oder Hellebarden in ihren Händen gefehlt, und ich hätte mich ins tiefste Mittelalter zurückversetzt gefühlt.

126

„Hop it! Hop it!" brüllte die Meute. Und dann hörte ich noch etwas von wegen „Danger!", „Rabbies!", „Bloody Dog!" und
„Damned Germans!". Na, Mahlzeit. Ich packte eine sich wehren-
de, weil ziemlich begriffsstutzige Mutter Theresa am Schlafitt-
chen und zerrte sie zurück zum Schlauchboot. Währenddessen
nahm Tommy einen knurrenden Murkel auf den Arm. Der arme,
kleine Kerl wußte noch weniger, wie ihm geschah. Naja, wie sol-
te auch ein niederländischer Terriermischling, in dessen Vor-
fahrenschaft sich irgendwann einmal auch ein deutscher Dackel
und ein britischer Jack Russel verewigt hatten und der einer deutschen Theologiestudentin gehörte, begreifen, warum man hier
auf der Kanalinsel Sark dieselben Vorbehalte gegen Hunde vom
Kontinent hatte wie auf der gegenüberliegenden Ärmelkanalseite,
von wo aus wir gerade erst geflohen waren. Hunde verstehen

127

von Quarantänevorschriften noch weniger als Menschen. Und für die ist es schon schwer, alle Reglements zu begreifen.

„Sauerei! Ich werde mich beschweren! Wo finde ich die Telefonnummer vom deutschen Konsulat?"

Unsere angehende Bordpfarrerin war außer sich vor Zorn. Kaum, daß wir halbwegs ungeschoren wieder an Bord unserer Yacht ankamen, erschien ein Wachboot des Inselbesitzers und forderte uns unter Androhung einer „Penalty" in Höhe von 5.000 Pfund Sterling oder „Prison" auf, unverzüglich das Inselterritorium zu verlassen. Als Thea gegenüber den ohnehin schon aufgebrachten Wachleuten auch noch ihren Mittelfinger anheben wollte, um zu unterstreichen, was sie von den Insulanern hielt, wären wir beinahe alle sieben standrechtlich erschossen worden. Ich warf den Einbaumotor an, während sich Waldemar und Charly wortlos um den Anker kümmerten. Fünf Minuten später dieselten wir unter dem Pfeifkonzert der englischen Tagestouristen und der Einheimischen von Sark aus der Bucht.

„Und nu?" stieß mich Charly an, als er erfuhr, wohin wir anschließend unseren Bug wenden wollten.

„Tja", antwortete ich. „Der gute Murkel wird wohl nochmals einen Whitbread-Einlauf über sich ergehen lassen müssen. Wenn wir St. Peter Port auf Guernsey einen Besuch abstatten wollen, dann wird uns wohl nichts anderes übrig bleiben. Wenn uns jemand im Yachthafen mit einem Haustier an Bord erwischt, sind nicht nur wir dran. Murkel auch. Bei auffrischendem Wind können wir unmöglich im Vorhafen, im sogenannten „Pool", an eine Muring gehen. Wir würden uns die Seele aus dem Leib schaukeln."

Ich deutete auf die Backskiste. Als Charly den Deckel lüftete, stand Murkel auch schon schwanzwedelnd neben ihm. Der Bursche wußte ganz genau, wo wir die alkoholhaltige Hundenahrung aufbewahrten. Also, lange konnten wir uns das nicht mehr leisten. Murkel hing ja fast schon praktisch an der Flasche! Waldemar deutete aufgeregt nach Steuerbord.

„Meine Güte, das sieht ja gespenstisch aus!"

Genauso schien es auch. Nicht nur meine fünf Landratten waren beeindruckt. Der Felsengarten südlich des Inselchens Herm zwischen Sark und Guernsey erinnerte ein wenig an einen schwedischen Schärengarten, nur daß die Felsen hier nicht glattgeschliffen, sondern bösartig gezackt auf unaufmerksam gesteuerte Schiffsrümpfe lauerten.

„Du sagst es", pflichtete ich ihm bei. „Nun, wenn wir auf dem Wege nach Beaucette Marina wären, dann könnten wir jetzt eine wunderbare Horrorstunde genießen. Jetzt, bei Niedrigwasser, kann man alle Felsen gut ausmachen und sich gut orientieren. Bei halb aufgelaufener Tide würde ich niemandem eine Passage zwischen Herm und Jethou beziehungsweise Jethou und der Klippe Lower Heads empfehlen. Hier toben Tidenströme von bis zu sechs Knoten zweitweise quer über die Felsenriffe. Schwierig, ein Boot auf Kurs zu halten. Selbst mit Global Position System und einem Seekartenplotter wäre eine Durchfahrt riskant. Die dann gerade eben bedeckten Felsen sind weder optisch noch elektronisch schnell genug auszumachen. Lotungen mit dem Echolot bringen nichts, weil der Grund im Bereich der Riffe schlagartig ansteigt. Eine Falle, wenn ihr mich fragt."

Dabei sah das Seegebiet südlich von Herm, das wir von Sark her kommend durchliefen, überhaupt nicht riskant aus. Es herrschte beinahe Stillwasser, die Wasseroberfläche zeigte gerade einmal eine ölig-träge Riffelung, also nichts, vor dem man sich momentan hätte fürchten müssen. Aber wer genau hinsah, bemerkte die ersten Stromwirbel an den Riffkanten. Bald würde der Flutstrom einsetzen und uns nach St. Peter Port tragen. Vor der Victoria Marina lag eine Schwelle, die gewöhnlich bis zu vier Meter trockenfiel. Das bedeutete, daß wir bei unserem Tiefgang erst in etwa drei bis vier Stunden einlaufen konnten. Zeit für die Überfahrt stand also mehr als genug zur Verfügung.

Der Wind hatte sich beinahe gänzlich zur Ruhe gelegt und dabei immer mehr nach Süden gedreht. Kein gutes Zeichen. Zirren am Himmel deuteten bereits die kommende Wetterverschlechterung an. Mit dem hochsommerlichen Wetter würde bald erst einmal

Schluß sein. Aber wir waren schließlich auch nicht hier, um Badeurlaub zu machen, sondern der Löwenanteil meiner Mannschaft schwamm in diesem Felsengarten herum, um richtig segeln zu lernen. Einen Vorteil brachte das Tiefdruckgebiet. Verbunden mit westlichen Winden würde es uns von Guernsey aus eine rasche Passage nach Holland zurück bescheren. Wenn alles glatt ging, blieb trotz der üblichen Sicherheitsreserve noch Zeit für den einen oder anderen Hafentag. Nichts konnte mehr nerven, als den ganzen Weg zurück vierkant gegen einen Ostwind aufkreuzen zu müssen. Wir würden wegen meiner noch nicht hundertprozentig seefesten Landratten für den Rückweg Wochen brauchen.

„Wie weit erstreckt sich eigentlich das Riffgebiet nach Süden?" wollte es Candida wieder ganz genau wissen.

„Bis Lower Heads. Das liegt auf etwa 49° 26' nördliche Breite."

„Wow!" nickte meine Mitseglerin. „Da hat aber einer wieder gut auswendig gelernt."

Ich zuckte die Achseln. „Halb so wild. Ich orientiere mich an diesem Breitengrad, wenn ich den DECCA für eine Positionskontrolle benutze. Ich achte darauf, daß die Anzeige für die nördliche Breite von 49 Grad nie höher als 26,5 Minuten rutscht."

„Du bist also sicher, daß wir St. Peter Port ohne Schwierigkeiten erreichen."

Ich lachte. „Nun hört aber auf, Leute! Das, was ihr vor euch seht, ist Guernsey in seiner ganzen Schönheit und Größe. Wir brauchen nur an der Ostküste entlangzufahren und erreichen den Hafen selbst bei pottendichtem Nebel ohne Schwierigkeiten. Zum Glück gibt es hier im Süden von Little Russel keine Riffe mehr."

Candida schüttelte verächtlich den Kopf. „Meine Güte, wenn ich bedenke, was man mir daheim teilweise für Schauergeschichten über die Kanalinseln erzählt hat. Alles Unfug. So geruhsam sind wir ja seit damals mit der *Tessa* nicht mehr gesegelt. Das ist ja beinahe so wie auf dem Mittelmeer."

Ich nickte. „Ja. Daß du dich da nur mal nicht täuschst. Hier liegen beinahe genauso viele Wracks herum wie Felsen. Was meinst du, was für eine Waschmaschine in diesen Inselpassagen tobt, wenn über den Riffbänken Tide gegen Starkwind oder Sturm steht. Es gibt hier Ecken, da steigt der Meeresgrund innerhalb einer Kabellänge von sechzig auf sechs Meter an. Diese breite Passage zwischen Sark und Herm zum Beispiel, die wir eben überquert haben, ist bei Sturm gegen Tidenströmung praktisch nicht mehr befahrbar. Dort kommen Grundseen mit Brechern vor, die ein Boot dieser Größe glattweg eindecken würden und querschlagen ließen. Stell dir einmal vor: fünf bis sechs Knoten Strom gegen acht Beaufort Wind. Schlimmer ist nur noch der Alderney-Race zwischen der gleichnamigen Insel und der Westspitze des Cotentin bei Cap de la Hague. Da treten in Spitzenzeiten Stromgeschwindigkeiten von bis zu zehn Knoten auf. Das müßt ihr euch vorstellen wie der Rhein bei Hochwasser. Selbst Berufsschiffe gehen da nicht mehr durch."

Nun schüttelte sich auch Thea. „Hör schon auf mit diesen Horrorgeschichten! Wir haben Urlaub."

„Meinst du, während der Urlaubszeit gibt es keine Gezeitenströmungen und keinen Starkwind?"

„He, was ist denn das dort für ein Kasten?" brachte uns Tommy auf neue Gedanken. Er deutete nach Steuerbord voraus.

Ich kniff die Augen zusammen. Die Sonne flimmerte auf dem nur leicht bewegten Wasser. Es wurde drückend. Ein weiteres schlechtes Zeichen.

„Das ist die Festung Castle Cornet. Sie steht auf dem Wellenbrecher, der den Hafen nach Süden hin schützt. Am Außenende der Mole steht ein Leuchtturm."

Charly ließ den Feldstecher sinken. „Dort an Steuerbord liegt noch so ein Trumm im Wasser. Was ist denn das?"

Ich nahm das Glas und suchte den Horizont ab. Meine Güte, war das schon dunstig. Der Himmel färbte sich mehr und mehr milchig-grau, wobei die Luftfeuchte weiter anstieg. Ein Glück, daß wir in England nicht noch einen Tag aufgehalten worden waren. Durch die sich unzweifelhaft ankündigende Schlechtwetterzone wäre ich mit den Greenhorns wirklich nur sehr ungern gesegelt.

„Das ist die Festung Brehon. Sie liegt auf einem winzigen Inselchen genau zwischen Herm und Guernsey. Sie gilt als wichtige Landmarke für die Passage nach Norden. Morgen werden wir sie deutlicher sehen."

„Ah, der Meister hat also doch das Seehandbuch auswendig gelernt", frotzelte Thea und kraulte Murkel, der träge und faul neben ihr auf der Cockpitsitzbank lag und standhaft seinen Wassernapf ignorierte. Er roch bestimmt Land und ahnte wohl, daß die Whitbread-Kur noch lange nicht vorbei war.

„Ah, Gnädigste hat wieder zu ihrer bewährten Tagesform zurückgefunden?" konterte ich nicht weniger ironisch.

„Wenn du wieder alles so schön im Griff hast, dann erkläre uns schon einmal, wo wir anlegen und wo wir heute abend essen gehen werden. Ich denke, Waldemar hat schon genug in der Pantry gestanden."

„Anlegen werden wir in der Victoria Marina und essen gehen wir im ‚Le Nautique'. Ihr könnt es gar nicht verfehlen. Die Häuser an der Hafenpromenade sind alle weiß getüncht. Nur das ‚Le Nautique' ist in einem dunklen Backsteinbau untergebracht. Beim Einlaufen in den Hafen steuern wir praktisch genau darauf zu."

Von wegen! Jemand sollte uns jedoch noch einen gehörigen Strich durch die Rechnung machen.

„Was ist da vorne?"

„Genua ist klar!"

„Roll weg den Scheiß!"

„Also, ich glaube, mich tritt ein Pferd", fuhr auf einmal Candida dazwischen. „??!"

„Roll weg den Scheiß! Ja, wo bin ich denn hier? Wißt ihr, was im Lehrbuch über das Bergen des Vorsegels steht? Hört zu! Die Kommandos lauten: Genua klar zum Bergen! Genua ist klar zum Bergen! Klar bei Genuafall! Genuafall ist klar! Nieder die Genua! Genua kommt nieder! Genua ist nieder! Klar Deck überall! Also bitte, Peter!"

Mir verschlug es immer noch die Sprache.

„Wir müssen uns schon an bestimmte Befehlsketten halten", dozierte Candida weiter. „Sonst weiß doch hinterher keiner..."

„Ist die Diskussion langsam beendet da hinten?" unterbrach Waldemar ziemlich ruppig ihren Vortrag. „Das Ding schlägt mir nämlich hier vorne um die Ohren. Charly soll endlich die Genua wegrollen!"

„Noch Fragen, liebste Candida?" grinste ich. „Behalte um Himmelswillen deine Schulweisheit für deine theoretische Prüfung. Bei mir an Bord werden keine Lehrbücher auswendig gelernt! Bei mir wird richtig gesegelt. Einverstanden?"

Auch ohne großartige „Befehlsketten" begann das Aluminiumprofil zu rotieren, und das schwere Dacrontuch wickelte sich nur auf Charlys vehementen Zug an der Reffleine hin um das Vorstag. Waldemar achtete darauf, daß es sich sauber aufwickelte. Ich griff zur Seite und startete den Einbaudiesel. Waldemar, unser Bord-Bucuse und Motorenklempner, hatte ganze Arbeit geleistet. Seit Southampton verrichtete das Heizöltriebwerk ohne zu Murren seinen Dienst. Tommy, der mit meinem Segen am Ruder stand, drehte langsam in das Hafeninnere hinein. Die beiden schwarz-grau gemauerten Molen mit den weißen Orientierungsstreifen auf den Kopfenden ließen wir vorbeiziehen. Hier im Innern von The Pool, dem Vorhafen von St. Peter Port herrschte praktisch kein Strom mehr. Auch eines der mehrmals täglich zwischen St. Peter Port, und Saint Malo, Jersey, Granville und Carteret verkehrenden Fährschiffe lag zum Glück an seinem Anleger. Ich deutete auf die gegenüberliegende Seite. Dort thronte inmitten von Kränen das Gebäude der Hafenkommandantur auf der White-Rock-Mole. „Siehst du die Aufschrift ‚Speed Limit 6 Knots'? Sei vorsichtig. Die nehmen Geschwindigkeitsüberschreitungen hier genauso ernst wie die Autobahnpolizei auf der Gefällstrecke des Eltzer Bergs."

Tommy nickte. „Groß!"

„Groß ist klar!" scholl es vom Vordeck und vom Dachaufbau, wo sich die Abklemmer für das Fall befanden, zurück.

„Runter mit dem Ding!"

„Wie bitte?" verschluckte sich Candida, die am Hebelstopper hockte. Währenddessen versuchten bereits Charly und Waldemar das Tuch nach unten zu zerren. Ich grinste still vor mich hin.

„Ja, wird's bald?" forderten die beiden am Mast ungeduldig.

„Kommt, tut ihr den Gefallen", schmunzelte ich. „Gib Laut! Wuff!"

Tommy seufzte. „Na, schön. Holt nieder Großsegel! Wo bleibt eigentlich die Bootsmannspfeife? Himmel, ist das peinlich! Wir sind doch hier nicht auf der Gorch Fock."

Candida wäre ihm am liebsten ins Gesicht gesprungen, aber sie kam von ihrem Arbeitsplatz nicht weg, weil sie aufpassen mußte, daß sich keine Kinken in der Leine bildeten.

„Peter!" rief eine Stimme aus dem Salon nach oben. Das war Thea, die zur Sicherheit am Funkgerät hockte und den Funkverkehr von Port Control überwachte.

„Was gibt's?" fragte ich ohne Begeisterung. Nach Überraschungen stand mir angesichts des in greifbare Nähe gerückten Yachthafens überhaupt nicht mehr der Sinn.

„Die kommen längsseits, habe ich mitbekommen. Ich glaube, man unterhält hier eine Art Zubringerdienst für Durchreisende."

Sie hatte ihren Hinweis noch nicht ausgesprochen, da rauschte auch schon eine geklinkerte Vollholzschaluppe mit zwei Mann Besatzung heran und umkreiste uns kurz.

Einer der Offiziellen, ganz in marineblauer Uniform gekleidet und mit jeder Menge Gold an den Schultern, hielt ein Megaphon an seine Lippen.

„Good afternoon, Sir!" dröhnte es durch den ganzen Hafen. „Welcome to St. Peter Port. What's the name of this boat, Sir?"

Name vom Boot? Ach, du großer Mist! Ich ahnte schon seit Tagen, daß ich irgend etwas Wichtiges vergessen hatte. Wir führten zwar artig und brav den Adenauer am Heck, waren aber bisher noch nicht dazu gekommen, den Bootsnamen anzubringen, geschweige denn in den Unterlagen des Bundesamtes nachzusehen, wie das Boot überhaupt hieß. Wir hatten die *Voyage* immer nur „die Kiste", „das Schiff" oder einfach „die *Voyage*" genannt.

Mist! Wo hatte ich denn nur meine Gedanken? Das kam davon, wenn man per Alarmstart auf Törn ging.

Ich zuckte nicht nur innerlich die Schultern. „I beg your pardon?" bemerkte ich in bestem Schulenglisch. Blödsinn, jetzt noch Zeit gewinnen zu wollen. Für was?

„The name of the boat!" klang es jetzt schon wesentlich förmlicher, amtlicher und deutlich schärfer über das Wasser. Erneut umkreiste uns die Schaluppe mit dröhnendem Motor.

„One moment, Sir!" brüllte ich nach Backbord. Schließlich forderte ich Candida auf, nach unten zu klettern

„Candida, schau mal schnell in der Konsole des Kartentischs nach! Dort in einer der Schubladen müssen die Papiere liegen. Sieh mal nach, welchen Namen der Heinrichs für das Ding ausgesucht hat."

Es vergingen endlos dahintröpfelnde Minuten, während uns das Wachboot ostentativ zum Aufstoppen aufforderte und ich beschwichtigend zu den kopfschüttelnden Wachleuten herüberwinkte.

Natürlich mußte Thea wieder ihren Senf dazugeben. Als wenn ich nicht schon Brassel genug gehabt hätte.

„Mann, ist das peinlich! Da segelt man mit einem Boot quer über den Kanal und weiß noch nicht mal, wie die Kiste überhaupt heißt. Sowas kann einem auch nur mit jemandem wie Peter Paul passieren. Erst verirrt er sich auf diesem Ententeich wie Hänsel und Gretel im Wald, und dann..."

„Halt den Sabbel!" schnauzte ich sie an, woraufhin sie mir in aller Freundschaft einerseits breit grinsend, andererseits jedoch auch sehr unmißverständlich den ausgestreckten Mittelfinger unter die Nase hielt. Dies wiederum führte dazu, daß uns die beiden Offiziellen von Port Control jetzt erst recht und noch mißtrauischer beäugten. Ich ahnte, was in den Köpfen der Männer mittlerweile vorgehen mußte. Sollte man tatsächlich so gleichermaßen dummdreisten wie naiven Bootsdieben auf die Schliche gekommen sein?

„Ich finde die Papiere nicht!" erklärte Candida und zeigte sich achselzuckend im Niedergang. Ich sprang nach unten und riß den Deckel über dem Kartentisch auf. Alles fand sich hier. Seekarten, Sonnencremetuben, Gummiringe, eine Haarspange mit einem Büschel blonder Haare und ein uraltes, zerknicktes Sexmagazin. Dann zerrte ich eine Schublade nach der anderen aus den Führungen. Auch hier lag alles Mögliche herum, nur von unseren Bootspapiere war weit und breit nichts zu sehen.

„Verdammt", fluchte ich. Schweiß rann mir den Bauch hinunter. „Leute! Denkt um Himmelswillen nach! Nachts in Southampton wollte doch noch der Hafenmeister die Papiere sehen. Wo haben wir die bloß hin versteckt?"

Aber selbst, nachdem wir den halben Innenraum des Bootes auf Links gedreht hatten, blieben die Bootspapiere, also das amtliche Flaggenzertifikat der Bundesbehörde und die Policen des Versicherungsunternehmens, unauffindbar. Sicher, ich hätte auch irgendeinen Phantasienamen angeben können, aber Geistesgegenwart angesichts von Amtspersonen war noch nie meine große Stärke. Wie zum Teufel hatte Bert Heinrichs seine Neuanschaffung bloß genannt haben wollen? Keine Ahnung! Das war das allererste Mal, daß ich mit einem Nobody auf Fahrt ging. Oh, Mist! Jetzt saßen wir aber schön in der Patsche! Ich kletterte wieder nach oben.

Die Schaluppe hatte an Steuerbord festgemacht. Der ältere der beiden Männer, der wesentlich mehr Lametta als der andere am Ärmel und auf der Schulter trug, wollte sich jetzt gar nicht mehr einkriegen und verlangte ostentativ die Schiffszertifikate. Genauso hatte ich mir das vorgestellt. Als ich die Achseln zuckte und zu erklären versuchte, daß ich sie im Moment nicht fand, wurde kurzerhand eine Kette um unseren Bugkorb gezogen, und ich kam in den Genuß der ersten Schleppfahrt meines Lebens. An einer freien Muringboje im Pool wurden wir angeschäkelt. Ein überdimensionales Vorhängeschloß sollte wohl nachdrücklich unser Schicksal besiegeln. Ich erhielt ein Papier, dessen Text genauso wie seinerzeit das Haustiermerkblatt der britischen Fährgesellschaft ausschließlich aus Begriffen wie „Caution!

Penalty! Prison! 5.000 Pound Sterling!" zu bestehen schien. Als dann noch Murkel im Niedergang erschien und heftig zu kläffen begann, hätte nicht mehr viel gefehlt und wir wären allesamt eingebuchtet worden. Ich mußte den beiden Herren zum Port Control folgen. Ob der Knast diesmal an mir vorbeiging, dessen war ich mir auf einmal gar nicht mehr so sicher.

„Nun, Mr. Paul", erwiderte der Lamettareiche meiner müden Einlassung. „Sie stimmen mir doch wohl zu, daß diese Situation als sehr eigenartig zu bezeichnen ist." Ich schildere den weiteren Verlauf der Besprechung der Einfachheit in deutscher Sprache. Die hochnäsige, britische Ausdrucksart kann ich leider nicht wiedergeben. Man sollte bei entsprechendem Interesse einfach einmal ohne Bootsnamen und mit unangemeldetem Terriermischling in St. Peter Port einlaufen.

Ich nickte ergeben.

„Sie werden mir weiter zustimmen, daß es uns beunruhigt, wenn ein fremdes Boot unter ausländischer Flagge in das Hoheitsgebiet des Bailiwick of Guernsey einläuft, dessen Skipper weder Bootspapiere zu besitzen scheint, noch den eigenen Bootsnamen kennt. Seltsam, ist es nicht so? Von der fehlenden Flagge ‚Q' an der Steuerbordsaling und der verbotenerweise mitgeführten, nicht-quarantänefreien Kreatur an Bord gar nicht zu reden."

Mit Kreatur meinte er wohl den armen Murkel. Oh, Himmel! Die gelbe Einklarierungsflagge „Q"! Selbst die simpelsten Regeln hatte ich mißachtet. Man läuft nicht einfach in einen außereuropäischen Hafen ein, ohne die Einklarierungsflagge zu hissen. Und vorher vergewissert man sich, ob sich die erforderlichen Legitimationspapiere an Bord befinden und nicht erst hinterher. Und der Hund wird entweder vorher betäubt und versteckt oder man schlägt gleich einen riesigen Bogen um das britische Empire und die Kanalinseln. Ich hatte mich benommen wie ein blutiger Anfänger. Ja, du glaubst es nicht!

„Was werden Sie jetzt tun?" fragte ich kleinlaut.

„Nun, Mr. Paul", konstatierte der Lamettareiche. „Ihr Schiff wird erst einmal an der Kette bleiben. Sollten Sie sich unerlaubt entfernen wollen, nachts zum Beispiel, riskieren Sie die Beschlagnahme der Yacht und einen Gefängnisaufenthalt. So wahr ich hier sitze. Aber dazu werden Sie es doch mit Sicherheit nicht kommen lassen wollen, ist es nicht so?"

Ich schüttelte den Kopf. „Nein, sicherlich nicht, Sir. Aber Sie werden wohl Verständnis dafür haben, daß wir nicht ewig hier vor Muring liegen bleiben können. Wir müssen dringend Wasser bunkern und die Batterien laden. Dazu müssen wir in die Marina verholen."

„Mit einem Hund, der nicht die britischen Quarantäneprozeduren durchlaufen hat? Unmöglich! Nein, Sir, aber das kommt nicht in Frage. Bei Verbringen des Hundes an Land drohe ich ihnen hiermit schon einmal vorsorglich eine Geldstrafe in Höhe von 5.000 Pound Sterling an. Hüten Sie sich! Nein, Mr. Paul, ich fürchte, Sie werden draußen im Pool vor Muring liegen bleiben müssen." „Dürfen wir wenigstens das Boot verlassen und zum Essen gehen?"

„Sobald die Herkunft des Bootes und der rechtmäßige Gebrauch durch Sie und ihre Crew nachgeprüft ist, sicher", meinte er mit ausdrucksloser Miene. „Bis dahin jedoch stehen Sie, ihre Crew und ihr Boot quasi unter Obhut. Wenn Sie wissen, was ich damit meine."

Ich nickte ergeben. Eine Art Vorstufe zu einem Daueraufenthalt im Tower von London.

Plötzlich begann das Fax zu rattern. Wir starrten gebannt auf den Papierstreifen, den das Gerät Zeile für Zeile ausspuckte. Schließlich riß mein Gesprächspartner das Blatt mit einem energischen Zug aus dem Übertragungsgerät. Er überflog das Schreiben flüchtig, dann nickte er mit dem Kopf.

„Glück gehabt, Mr. Paul! Der von ihnen benannte Versicherungsmakler bestätigt gerade den Versicherungskontrakt mit einer Fa. Happy Cruising in Lemmer, Holland, bezüglich einer Jeanneau *Voyage*. Versichert ist auch das Risiko einer Überführungsfahrt durch einen Mr. Peter Paul zu Gunsten der Fa. Happy Cruising ‚from Southampton via Channel Islands along

138

the Northcoast of France and Belgium to the Netherlands'. Mitversichert ist eine Überführungscrew, bestehend aus fünf weiteren Personen. Von einem Hund ist übrigens nicht die Rede."

Pardautz! Das war der Stein, der mir polternd vom Herzen fiel. Anscheinend war in Hamble mit dem Maklerbüro Hamble Boatyard Ltd. doch alles in Ordnung. Das hätte noch gefehlt, wenn bei St. Peter Port Control ein Fahndungshinweis eingetrudelt wäre.

„Und nun?" fragte ich vorsichtig.

„Und nun werde ich noch diesem Mr. Heinrichs in Lemmer faxen, um mir ihre Legitimation bestätigen zu lassen. Dann können Sie von mir aus zurück an Bord. Die Crew darf anschließend das Boot verlassen. Ein Beiboot haben Sie doch wohl, oder? Der Hund darf keinesfalls an Land. Haben wir uns verstanden?"

„Yes, Sir!" antwortete ich ergeben und befand mich eine halbe Stunde später nach Eingang des Fax-Schreibens aus Lemmer mit dem Segen der örtlichen Hafenkommandantur wieder in der Schaluppe, die mich an Bord der *Voyage* brachte.

„Ich empfehle ihnen, um Frankreich einen weiten Bogen zu machen", gab mir der Goldbetreßte noch einen ernstgemeinten Rat mit auf den Weg. „Die Kollegen in unserem östlichen Nachbarland reagieren sehr restriktiv, was die fehlende amtliche Legitimation von Sportbooten angeht. Wenn Sie in irgendeinem französischen Hafen ohne Bootspapiere aufgegriffen werden, dann wird ihre Yacht unverzüglich beschlagnahmt. Der französische Zoll ist da sehr pingelig, ist es nicht so?"

„Thank you, Sir!" murmelte ich erneut ergeben und kletterte an Bord der Yacht.

Die nächste halbe Stunde mußte ich haarklein erzählen, was mir in der Hafenkommandantur widerfahren war. Irgendwann stellte Charly grinsend die Gretchenfrage.

„Na, wie heißt unser Schätzchen denn nun?"

„Ihr werdet es nicht glauben", grinste ich und griff nach einer Büchse Whitbread, die zwar für Murkel bestimmt war, aufgrund seiner aufgeflogenen Anonymität nun jedoch nicht mehr benötigt wurde. Wir mußten sehen, daß wir so schnell wie möglich wieder aus britischen Hoheitsgewässern verschwanden. Murkel war jetzt in einem Umkreis von hundert Seemeilen bestimmt schon genauso bekannt wie der sprichwörtliche bunte Hund.

„Nun?" fragten fünf Kehlen gleichzeitig.

„Wau", meinte Murkel.

„Du bist ganz still!" fuhr ich ihn an. „Wegen dir haben wir die meisten Scherereien."

„Mach's nicht so spannend."

„*Voyage*."

„Wie meinen?"

„Ja, *Voyage*. Wir brauchen nicht mal einen Schriftzug anzubringen. Es reicht die Typenbezeichnung der Werft. Entweder muß der gute Bert Geld sparen und verzichtet deswegen auf gedruckte Namenszüge, oder er kann sich exotische Schiffsnamen nicht merken."

„Du glaubst es nicht!" stöhnte Candida.

„Du sagst es", bestätigte ich.

„Verdammt, warum geht denn diese blöde Schublade nicht mehr zu?" Charly ruckelte und pusselte an der Lade herum, brachte sie aber nicht mehr bis zum Anschlag in den Schrank hineingeschoben. Sie schaute bestimmt fünf Zentimeter nach vorne heraus.

„Da hängt was drin", vermutete Tommy. „Wahrscheinlich ist etwas aus der oberen Schublade nach unten in das nächste Fach gerutscht."

Charly kniff ein Auge zu, riß die Schublade aus der Führung und griff mit der rechten Hand in die Öffnung. Mit triumphierenden Grinsen zog er sie schließlich zurück. In seiner Faust hielt er einen zerknüllten Plastikschnellhefter.

„Ach, nee", lachte Candida. „Sieh mal einer an. Die Bootspapiere der *Voyage*."

Bordkoller

„Oh, mein Gott! Oh, mein Gott!"

„Was ist denn nun schon wieder?"

„Oh, mein Gott! Oh, mein Gott!"

„Was denn? Nun sprich endlich!"

„Oh, mein Gott! Oh, mein Gott!"

„Ach, sie hat nur ihren gewöhnlichen Koller", gab ich zu verstehen.

Mit weit aufgerissenen Augen hockte eine absolut fassungslose Theologiestudentin in der Plicht, rief ihren höchsten Boß in den höchsten Tönen an und wurde von Sekunde zu Sekunde im Gesicht weißer. Sollte es etwa tatsächlich an der *Saint Patrick*, der schneeweißen, fünf Stockwerk hohen Überseefähre mit Heimathafen Dublin liegen, die sich einen Steinwurf weit von der *Voyage* entfernt ebenfalls durch die handtuchschmale Passage des Passe de l'Ouest zwischen Fort de Cavagnac und Fort de l'Ouest ins Innere der Reede von Cherbourg quälte? Oder lag es unter Umständen an dem ohrenbetäubenden Signalhorngetöse, das die Fähre abgab, um auf ihre Ankunft in dem weltbekannten Hafen an der Nordspitze der Halbinsel Cotentin aufmerksam zu machen? Ich wußte es nicht. Ehrlich gesagt, war es mir auch ziemlich egal. Ich wollte nur noch eines: an den Ponton d'Attente, den sogenannten Anmeldesteiger, mir einen Gästeliegeplatz zuweisen lassen und dann am liebsten nie mehr etwas von Ausbildungstörns, Segelschülern und Seekrankheit hören.

Ah, der liebe Leser möchte gerne wissen, wie es zu meiner Trübsal kam? Nun, um dies zu erklären, muß ich wieder einmal ein paar Stunden in der Zeitgeschichte zurückblättern und zudem etwas ausholen. Also, wir befanden uns in Little Russel, dem Priel zwischen Herm und Guernsey, eine Stunde nach unserem Auslaufen in St. Peter Port. Um uns herum tobte der Südwester, der Regen pfiff uns in den Nacken, die Tide stand momentan noch genau gegenan, und an Bord schien alles so wie zwei

Stunden nach dem Aufprall der Titanic auf den Eisberg im Atlantik.

„Oh, mein Gott! Oh, mein Gott!"

„Was ist denn nun schon wieder?"

„Oh, mein Gott! Oh, mein Gott!"

„Was denn? Nun sprich endlich!"

„Oh, mein Gott! Oh, mein Gott!"

„Ist das schon wieder ihr üblicher Koller?" wollte einer aus meiner Landratten-Crew wissen.

(Pardon, lieber Leser. Nicht, daß Sie meinen, wir wären bereits in Cherbourg. Mitnichten!)

„Ja, Himmelkreuzkruzifix! Nun mach endlich den Mund auf!"

„Ja", stöhnte die leichenblasse Mutter Theresa, „siehst du denn die Klippen um uns herum nicht? Wir werden zerbersten, zerschellen, untergehen, ertrinken..."

„Also, nun mach aber mal 'nen Punkt, Thea!"

„Oh, Verdammnis, Hölle, Frevel! Oh, wir Unseligen! Vater im Himmel, vergib uns unsere..."

Charly stieß den Schlachtruf der Apachen aus.

„Bei allen Göttern! Kann nicht einmal endlich einer diese rothaarige Katastrophen-Kassandra abstellen? Das hältst du ja im Kopf nicht aus!"

„Was hat sie denn nur? Erschrickt sie sich etwa vor den paar Steinchen dort im Wasser?"

„Zwei Meter! Zwei Meter! Abdrehen! Abdrehen!" Aus dem Bauch der *Voyage* erscholl der verzweifelte Ruf einer ebenfalls nicht mehr sehr gelassenen Candida.

Ich griff instinktiv dem am Steuerrad stehenden Charly ins Ruder. Teufel aber auch! Da waren wir doch tatsächlich ein bißchen dicht an Grosse Pierre, die winzige Insel inmitten der tückischen Felsenriffe oberhalb von Herm, herangekommen. Der trutzige, gemauerte Turm der Festung Brehon lag längst achteraus, als wir versuchten, so gut wie möglich die Steuerbordseite des Fahrwassers einzuhalten. Nun, das Fahrwasser zwischen St. Peter Port und Tautenay auf der Höhe von Beaucette, dem zweiten Tiefwasserhafen auf Guernsey, war aber auch wirklich sowas von schmal. Zumindest dann, wenn man bei schlechter Sicht, in strömendem Regen, gegen die Tide, dafür aber mit sieben Beaufort von achtern schiebendem Wind durch die felsenriffgespickte Passage von Little Russel raste.

„Scheiße! Scheiße! Einsachtzig. Einssiebzig! Verdammt, Peter, dreh nach Backbord...!"

Knirsch! Kratz!

„Oh, Herr im Himmel! Oh, Herr im Himmel!"

„Oh, Mist! Affenartiger Mist!"

„Ich sehe schon das Riff unter Wasser!"

„Da! Felszacken! Ohlalalala! Oijoijoi! Das wird aber eng!"

„Vater unser, der du..."

„Meine Güte! Stell endlich mal einer Radio Vatikan ab. Das ist ja nicht auszuhalten!"

Naja, gut. Thea hatte nicht ganz unrecht mit ihrem Geflenne. Ich hätte die verdammte Bake westlich der Insel an einem Tag wie heute besser doch auf der richtigen Seite passieren lassen sollen. Hinter der Bake lag inmitten übler Felsen ein unscheinbares Flach mit nur dreißig Zentimetern Tiefe, gemessen an Kartennull. Mist! Irgendwie hatte ich mich verschätzt. Hoffentlich gelang es uns, bei fast abgelaufenem Wasser noch soeben über die Untiefe zu rutschen!

Eine knappe halbe Stunde später dann die ersten Ausfälle. Charly und Tommy hingen plötzlich gleichzeitig über der Steuerbordreling, um sich ihr Frühstücksei und das Knäckebrot nochmal aus der Nähe zu betrachten. Um es genauer auszudrücken: die beiden kotzten wie die Reiher um die Wette. Ich verstand die Welt nicht mehr. War ich hier auf der Andrea Doria, oder was?

Waldemar hatte uns im Hafen von St. Peter Port trotz des üblen Schwells und trotz der Schaukelei ein ganz passables Frühstück zusammengezimmert. Eben wegen dieser Unruhe im Schiff, die von dem auffrischenden Wind herrührte, hatten die Zweibeiner an Bord schlecht geschlafen. Nur Murkel ratzte wie gewöhnlich laut schnorchelnd auf seiner Decke im Kloraum. An jenem Morgen waren wir früh wach geworden, hatten uns gewaschen beziehungsweise aus Platz- und Zeitgründen und wegen der Ebbe im Wassertank einfach zum Duschen in den strömenden Regen gestellt und anschließend gefrühstückt. Die Stimmung schien wegen der Ereignisse des Vortages zunächst noch arg gedämpft. Den Aufenthalt auf den Kanalinseln hatte sich jeder von uns anders vorgestellt. Zwar trug Murkel die Schuld, aber niemand konnte ihn letztlich verantwortlich machen. Schon alleine deswegen nicht, weil jeder der Denunzianten automatisch den Zorn der Heiligen Inquisition auf sich gezogen hätte. Also kaute Murkel unter dem Salontisch genüßlich an seinem Hundeknochen, während wir unausgeschlafen und knurrig die weiteren Pläne besprachen.

Irgendwann hob sich jedoch die Stimmung. Charly kam auf die absurde Idee, zwecks Aufheiterung der Bordatmosphäre den auf der Fähre von Calais nach Dover gebunkerten Champagner zu köpfen. Wir öffneten eine Pulle nach der anderen, und schließlich schwelgten wir in einem regelrechten Schaumweinrausch. Das führte zeitweise zu exorbitanten Showeinlagen. Zum Beispiel, als Candida und Thea, nur mit dem unteren Teil ihrer Bikinis bekleidet und trotz des strömenden Regens, zur Ergötzung der umliegenden Bojenlieger und des männlichen Parts meiner Mannschaft über die Reling ins Wasser sprangen und quiekend und prustend im Hafenbecken herumpaddelten. Mein Erstaunen wuchs. Ja, ja! Gib dem Affen Zucker respektive den Frauen genügend Schampus zu trinken, und schon verwandelten sich selbst prüde Moraltheologinnen in lockere Discotussies, die scheinbar nur darauf warten, sich allsamstagabendlich auf dem Tanzparkett einer schmierigen Provinzdiscothek beim mitternächtlichen Schönheitswettbewerb prostituieren zu dürfen. Oh Tempora, oh Mores!

Kurz nach dieser Orgie liefen wir aus. Das heißt wir mußten, weil die Herren von Port Control herzlich wenig von solchen Exhibitionierungen in ihrem Vorhafen hielten. Und damit begannen dann meine Probleme. Wegen des recht kräftigen Südwestwindes hatte sich kurz hinter Little Russel im freien Seeraum eine ziemlich kantige Welle aufgebaut, die selbst ein Boot von *Voyage*s Größe übel durchschaukelte. Ich kenne Leute, die trotz landläufiger Meinung beim Kreuzen kaum einmal Probleme bekommen, angesichts des magennervenzermürbenden Schuckel-Schuckel der von achtern heranrauschenden Wellen jedoch bereits nach Minuten wegen Kinetose den Löffel abgeben. Bei mir an Bord verabschiedeten sich die Leute kurz hintereinander. Erst kotzten wie gesagt Charly und Tommy im Duett über die Reling, dann meinte auf einmal Waldemar, ihn würde die Fahrt doch sehr müde machen, und er müßte sich schnell einmal in seiner Koje aufs Ohr legen. Genauer gesagt hatte er sich mit Scopoderm-Pflaster gegen Seekrankheit dermaßen die Ohren beklebt, daß ihm seine schließlich weit aufgerissenen Pupillen und seine schneeweiß verfärbte Gesichtshaut schlagartig das Aussehen eines heroinsüchtigen Kellerzombies verliehen. Er wurde blind wie ein Maulwurf und wußte kurz vor seinem Blackout überhaupt nicht mehr, wer er war. Ich riß ihm die Pflaster ab und sicherte ihn in seiner Koje mit Leesegel gegen das Herausfallen.

Als wir kurz vor „Banc de la Schole" standen, segelte ich mit Murkel als vierbeinigem Bootsmann praktisch ein einsames Schneewittchenschiff, dessen Flanken sich allerdings von Zeit zu Zeit merkwürdig grün verfärbten. Thea und Candida schoben unter Deck abwechselnd ihre Wache im Toilettenraum. Alles, was ich von ihnen noch vernahm, war, daß sie anscheinend im minütlichen Wechsel die Funktionstüchtigkeit der Pumptoilette überprüften.

Normalerweise soll man die sogenannte „Banc de la Schole" im südlichen Ausgang des Race zwischen der Alderney und der Halbinsel Cotentin zu Beginn der mitlaufenden Tide passieren. Dummerweise hatte ich beim Aufbruch in St. Peter Port nicht berücksichtigt, wie schnell die *Voyage* selbst bei entgegenkommender Tidenströmung noch über Grund lief. Ich erreichte sogar die nachfolgende Stromschnelle auf der Banc de Milieu bei noch immer entgegengesetzter Tidenströmung. Himmel, ich traute meinen Augen nicht. Da stieg doch das Wasser stellenweise beinahe kerzengerade und bestimmt einen Meter hoch. Ich schlug sicherheitshalber zunächst einmal einen weiten Bogen um die Bank, geriet dadurch jedoch leider auf die Gründe westlich von Nez de Jobourg. Langer Rede, kurzer Sinn: Die *Voyage* wurde dermaßen rüde und brutal durchgeschüttelt, daß selbst Murkel, der schon allerhand von mir gewöhnt war, ungeduldig zu knurren anfing. Zwischendurch horchte ich hin und wieder in den Innenraum der Yacht, aber außer einem unterdrückten Keuchen, obligatorischer Würgegeräusche und dem permanenten „Schlürf-Schlürf" unserer Bordtoilette war nichts zu hören. Charly und Tommy hingen, von mir sicherheitshalber angeleint, an der Steuerbordreling. Oh, Himmel! Mit Landratten machte man was mit!

Am Cap de la Hague erwischte es uns nochmal ganz übel. Ich wollte zwar das Kap, so wie es auch das Seehandbuch rät, weiträumig umfahren, aber vermutlich war der viele Champagner schuld, daß ich den empfohlenen Abstand zur Küste von fünf Seemeilen irgendwie kolossal fehleinschätzte. Auf jeden Fall rumpelte und schüttelte es gewaltig, als wir mit raumem Wind den Leuchtturm passierten. Und zwar so dicht, daß ich die Leuchtturmwärter hinter den Fensterscheiben erkennen konnte. Glücklicherweise kenterte in diesem Augenblick die Tide, woraufhin bereits querab von Omonville la Rouge die Strömung mitlief und die Wellen glättete. Es dauerte nur Minuten, und meine verwunschene Märchentruppe kam langsam wieder auf die Beine.

Als erster fing sich überraschenderweise der gute Charly. Er tapte nervös durch die Plicht, fragte in Minutenabständen nach der Uhrzeit und ließ sich schließlich von mir erklären, wie man unserem Allwellenempfänger den Deutschlandfunk entlocken konnte. Dann versank er in den tiefsten Tiefen unseres Salons und ward für die nächste Stunde nicht mehr gesehen. Leise rülpsend raffte sich schließlich auch Tommy vom Seezaun auf. Er krabbelte auf allen Vieren den Niedergang herunter und erschien

nach zehn Minuten schon etwas frischer und sogar auf zwei Beinen stehend mit Zwieback in den Fäusten im Cockpit.

„Na, Gevatter", murmelte ich und deutete auf sein Faustpfand. „Hast du den Mädels auch was abgegeben?"

Tommy strich sich die Haare aus der Stirn und versuchte ein Grinsen.

„Nun ja", meinte er schließlich. „Ich weiß nicht, ob Thea und Candida meine Aufwartung im Kloraum als so passend empfunden hätten. Geh lieber nicht nach unten. Das Raumparfum da unten duftet nicht gerade nach Fichtennadeln. Du liebe Güte! Was ist denn bloß passiert?"

Ich lachte und klopfte ihm auf die Schultern.

„Nicht so schlimm, Tommy", grinste ich. „Der Alderney Race ist halt was anderes als die gemütliche Schipperei entlang der holländischen Küste. Hier tobt der Mob! Dort boxt der Papst! Da geht die Post ab! Das sind zwar nur fünfzehn Seemeilen, aber die haben es in sich. Na, geht's wieder?"

Tommy nickte.

„Was macht denn Murkel? Der liegt da in der hintersten Ecke der Plicht und kaut an seinem Knochen, als wäre nichts passiert! Sagenhaft!"

„Tja, Hunde sind halt härter im Nehmen als Zweibeiner", antwortete ich. „Aber mach dir nichts draus. Es ist schon ganz anderen Leuten im Race schlecht geworden."

„Meine Güte! Als ich die Wellen vor uns sah, dachte ich, das war's denn, liebe Tante! Junge, Junge, hat das geschaukelt!"

„Irgendwelche Meldungen von unserem Bordsuppenkasper?"

„Oh, soweit ich das überblicke, liegt der in seiner Koje und schnorchelt. Das hätte ich wohl besser auch getan."

„Oh, ist mir schlecht!" stöhnte eine gelb-grüne Candida, schaute starr über den Rand des Kajüteinstiegs und sog gierig die frische Seeluft ein. „Oh, mein Gott, ist mir schlecht!"

„Bitte nicht in die Plicht, Mädchen!" warnte ich sie. Candida schaute mich kurz an, schlug die Hände vor den Mund und tauchte wieder ab. Wir vernahmen ein unterdrücktes Keuchen,

148

Würgen und anschließend das wohlbekannte Schlürfgeräusch der Bordtoilette.

Charly steckte einen hochroten Kopf durch den Niedergang. Er verlangte eine Funkverbindung mit Frankfurt. Und zwar Subito.

„He, was ist denn in dich gefahren?" fragte ich ihn erstaunt.

Charly wippte von einem Fuß auf den anderen. „Ich muß kaufen! Ich muß kaufen!"

Er packte mich am Hemdkragen und schüttelte mich wie einen ungezogenen Hund.

„Was mußt du kaufen?" fragte ich verblüfft und versuchte mich aus seinen Fäusten zu befreien. Hatte er sich vielleicht versehentlich die letzten Gehirnwindungen aus dem Leib gekotzt?

„Siemens! Siemens steht bei Sechshundertfünfzig! Jetzt oder nie! So billig komme ich da nie mehr dran!"

Kopfschüttelnd zeigte ich Charly, wie man über das UKW-Funktelefon eine Verbindung mit dem Festland herstellte. Ich wählte den Arbeitskanal von Cherbourg Radio und ließ mich mit dem gewünschten Anschluß in Frankfurt verbinden. Anschließend vernahm ich nur noch Sprachkürzel.

„Ja, Siemens!" schrie Charly in den Hörer. „Kaufen! Kaufen, sage ich! Zweihundert Stück! Kassa und nicht über Sechseinundfünfzig. Variabel von mir aus auch Sechszweiundfünfzig. Stoß die Daimler ab! Bestens! Plaziere sie in Düsseldorf, München und Frankfurt zu gleichen Teilen. Mit dem Rest besorge mir Kaufoptionen der Deutschen. Nein, nicht Dresdner! Deutsche! Ja, du hast schon richtig verstanden! Und tschüs!"

Als Charly mir dem Hörer zurückgab, standen ihm Schweißperlen auf der Stirn, und er zeigte einen Gesichtsausdruck, als hätte er gerade ein leidenschaftliches Abenteuer hinter sich.

Irgend jemand hatte einmal gesagt, es gäbe nichts erotisierendes auf der Welt als kleine braune, grüne oder blaue bedruckte Scheinchen. Wenn ich mir Charly so ansah, war meinem Informanten durchaus zu glauben.

Eine Stunde später erschien Thea im Cockpit. In diesem Moment peilte ich wie gesagt gerade die schmale Einfahrt zwischen den beiden Forts von Cherbourg an. Und im gleichen Augenblick tauchte auch die Irlandfähre auf.

„Verdammt, setz dich auf die Cockpitsitzbank!" herrschte ich die Theologiestudentin an. „Das ist ja wie die Vorstufe zur Hölle mit dir! Reiß dich endlich zusammen!"

„Peeeteeer! Peeteer Paaauuuul! Weich doch bitte aus! Hiiilfeee! Aaaah! Maaamiii! Ayayayay!"

Welch ein Theater! Zwischen der Fähre aus Irland und unserer *Voyage* paßte bestimmt noch ein ganzer Bootshaken. Wozu also dieser Aufstand? Die Frau konnte einen aber auch wirklich um den Verstand bringen!

„Nie mehr! Nie mehr, hörst du? Ich segle keinen einzigen Meter mehr mit dir. Das ist ja unerträglich! Ich hab gedacht, ich sterbe! Das hier ist kein Ausbildungstörn, das ist ein Horrortrip! Erst das Murkel-Versteckspiel in England, dann die Nacht-und-Nebel-Aktion in Southampton, obwohl die Fa. Hamble Boatyard Ltd. vermutlich ein angesehener Laden ist, schließlich die Überfahrt zu den Kanalinseln, wo wir beinahe zweimal innerhalb von Minuten versenkt worden wären und gestern die Zitterpartie in St. Peter Port, wo ich uns schon alle im Knast sitzen sah. Ich hab Urlaub, meine Herren! Girls just want to have fun!"

Thea hockte zwar bis zur völligen Auflösung aufgebracht, aber immer noch kreidebleich auf der Cockpitsitzbank und schlürfte heißen Kamillentee, den ihr Candida zubereitet hatte. Wir lagen längst in der Marina von Cherbourg, der Regen hatte aufgehört und hin und wieder kam sogar schon einmal die Sonne durch.

„Komm! Nun mach mal halblang! Die kleine Fähre!"

„Kleine Fähre!" schrie Thea mit wild flackernden Augen auf.

„Kleine Fähre, sagst du. Dieses zehnstöckige, schwimmende Hochhaus? Ja, was ist in deinen Augen denn dann erst eine große Fähre?"

„Hier, nimm einen Schluck Cognac. Der wird dir guttun." Wenigstens nahm Candidas Gesicht immer rascher die gewohnte blaßrosa Färbung einer gut durchbluteten Haut an. Die Nachwirkungen der Seekrankheit ließen bei ihr erstaunlicherweise schneller nach als bei Thea. Zum Glück hatte sie von meinem Katz-und-Maus-Spiel mit der *Saint Patrick* aus Dublin unten in der Kajüte nichts mitbekommen. Sie nahm die Flasche und verbrämte Theas Kamillentee dermaßen mit Hochprozentigem, daß der Dampf in der Tasse schlagartig verschwand. Thea nahm einen hastigen Schluck, verdrehte verzückt die Augen, nahm noch einen und begann dann heftig zu würgen und zu husten.

„Hups!" entfuhr es ihr deutlich kölnisch verfärbt zwischen zwei Bäucherchen. „Ohlala, dat is äver 'n jeile Drink! Höh, nur vom Feinsten."

Ich warf Candida einen warnenden Blick zu und schob anschließend Murkel wieder zurück auf seine Decke auf dem Cockpitboden. Unser Mischling schien sich auf einmal sonderbar intensiv für Kamillentee zu interessieren. Ich schaute ihn nachdenklich an. Es fehlte wirklich nicht mehr viel, und er würde jemandem wie Harald Juhnke glattweg die Schau stehlen.

Während Tommy und Charly ihre wegen eines nicht ganz dicht schließenden Vorluks naß gewordenen Schlafsäcke zum Trocknen über den Großbaum hingen, tauchte urplötzlich ein uralter, zerknitterter Waldschrat im Cockpit auf. Der Waldschrat schien Vampir zu sein, so blaß war er im Gesicht. Der Kerl mußte allem Anschein nach als blinder Passagier mitgesegelt sein, denn er kletterte den Niedergang empor.

„Jott, nä! Wä is dat dann?" stieß Thea aus, die auf Grund der hohen Prozente, die durch ihre Blutbahn schwammen, beim Sprechen ziemlich deutlich in den Bronx-Dialekt der Domstadt am Rhein abstürzte. Sie deutete bestürzt auf den ungewöhnlichen Bordgast.

„Noch nie gesehen", grunzte ich. „Durchsucht ihn nach Geld und schmeißt ihn über Bord", fügte ich hinzu.

„Meine Güte, ich wußte gar nicht, daß Segeln so alt machen kann." Candida starrte den Ankömmling ungläubig an.

„Meinst du, du siehst frischer aus", schwäbelte der Waldschrat. Er schnüffelte lautstark. „Kaum an Land, schon fließt der Cognac", fügte er vorwurfsvoll hinzu.

„Nur zur Nervenberuhigung", meinte Candida und deutete verstohlen auf Thea.

„Dann gib mir auch einen", forderte Waldemar und nahm sich einen Becher.

„Oh, ja", bestätigte unsere inzwischen immer ehrwürdiger werdende Klosterfrau vom Orden des Heiligen Melissengeist und hielt Candida erwartungsvoll den Rest ihres Kamillentees unter die Nase.

„Gib ihr nix mehr zu trinken", ermahnte ich die anderen Magenschwachen aus der Crew. „Eben noch wollte sie abmustern und jetzt klammert sie sich schon wieder an die Flasche. Ein schlechtes Omen."

„Wie kommst du denn darauf?" wollte Candida wissen.

„Sie erinnert mich momentan ziemlich stark an die jung vermählte Ehefrau, die ihren Mann nach der feurigen Hochzeitsnacht fragt: „Äh, wie war doch gleich dein Name?"

„Faszinierend!" murmelte Thea.

„Oh, das ist nichts Außergewöhnliches. Ich fasziniere hauptberuflich."

„Chauvie!"

„Tussie!"

„Macho grande!"

„Bio-Mädel!"

„Gruftie-Clown!"

„Bio-Mädel?" mischte sich Charly erstaunt ein. „Was ist denn das?"

„Bio-Mädel. Gesund, rotbäckig, salatorientiert."

„Ah!"

„Nix, ‚ah'!" fuchtelte unsere rothaarige Jeanne d'Arc auf einmal los. „Du Mittelständler!"

„Mittelständler", bemerkte Tommy mit ausdrucksloser Stimme.

„Ja. Das sind Typen, die würden dir sogar Instant-Champagner verkaufen. Vorausgesetzt, es wäre für sie ein lohnendes Geschäft."

„He, nun mach aber mal 'nen Punkt!" knurrte Charly, der als

Frankfurter Juppie bestimmt einen guten Tropfen aus Reims zu schätzen wußte.

„Einen Punkt?" brauste Thea immer mehr auf. Ihre Augen begannen wild zu flackern. Ich grinste Waldemar an. Der schwäbische Waldschrat mit der vornehmen Gesichtsblässe eines weltbekannten Adeligen aus den Karpaten schlug die Hände vor das Gesicht. Wir wußten, was folgen würde.

„Einen Punkt?" wiederholte sie aufgebracht. „Du Möchtegern-Juppie! Du Wall-Street-Imitation! Weißt du, was ich zu so Typen wie dir sage? Geldhaie zu Fischstäbchen! Sowas sage ich zu dir."

„Na, also hör mal..." begann Charly.

„Hören?" keifte Thea los. „Hören, soll ich auf einmal auch noch? Jetzt hör du mal, Gevatter! Dir mit deinem Bonsai-Gehirn geht's doch nur ständig um den ultimativen Deal, den Kick, die Dröhnung. Aber in Wirklichkeit stehen doch nur die öden Moppen, der Schotter, der Kies im Vordergrund. Und wozu? Damit du hinterher in irgendeiner Vorstadt ein Hundertquadratmeter-Eigenheim abmetern kannst. Ätzend! Ist das spießig! Mann, du solltest dich für einen Wüstenrot-Reklamespot melden. Kerl, zieh doch hier nicht so 'ne Personalityshow ab, von wegen über UKW-Funk in Frankfurt anrufen und irgendwelche Aktien kaufen und verkaufen. Wem willste denn damit imponieren?" „Um was sollte ich mich denn deines Erachtens kümmern, mein Engel?" grinste Charly, der inzwischen gemerkt hatte, daß man momentan mit unserer katholischen Vorbeterin kaum noch sachlich diskutieren konnte.

Theas Blick begann sich in der Unendlichkeit zu verlieren. Ich zog vorsichtig und unbemerkt die Tasse mit dem Rest Cognac, der irgendwann einmal Kamillentee gewesen war, an mich heran, woraufhin Murkels Schwanz wie der eines Blauhaies angesichts eines Windsurfing-Regattafeldes zu peitschen begann.

„Na, zum Beispiel um den Frieden in der Welt oder um deine Mitmenschen."

Oh, Himmel, jetzt wurde es philosophisch. Und darin war Thea als Studentin der Theologie einsame Spitze.

„Mitmenschen?" hakte Charly nach und kniff ein Auge zu. „Du meinst zwischenmenschliche Beziehungen, oder?"

„Ja, zum Beispiel", antwortete Thea entrückt.

„Ohje. Sag bloß, du glaubst etwa auch noch an die älteste Lüge der Welt, hm?"

„Älteste Lüge der Welt?" fragte Thea.

„Na, die Liebe. Nicht so schlimm", feixte Charly. „Du bist nicht das einzige Kind, das vor dem Einschlafen noch ein Märchen hören will."

„Nun hör aber auf", entrüstete sich Candida. „Sowas von abgebrüht habe ich ja noch nie gehört. Du mußt in deinem Leben ja an tolle Frauen geraten sein."

Sie drehte sich um und suchte vergeblich die Cognacflasche, die ich inzwischen vorsichtig mit dem Fuß ins hinterste Eck des Cockpits hatte schieben können. Murkel begann sehr aufdringlich zu schnüffeln.

„Du wirst's ja wissen", knurrte Charly, kletterte auf das Vordeck und ließ sich am Seitenrand nieder.

„Ich gehe in die Stadt. Einkaufen." Thea wirkte auf einmal schlagartig ernüchtert. Sie schnappte sich Murkel, und ein paar Augenblicke später verschwand sie im Gewimmel der Stege.

„So kann man sie doch nicht laufen lassen", stieß Candida aus.

„Da hast du recht", stimmte ich ihr zu. „Die ist im Stande und kauft vor lauter Frust die halbe Galerie Lafayette leer. Und ich habe dann hinterher das Nachsehen, weil ich nicht weiß, wohin mit dem Kram."

Tommy und Candida schauten mich erstaunt an.

„Das letzte Mal hat sie mir Murkel angeschleppt. Hoffentlich gastiert kein Zirkus in der Stadt."

„Du bist so blöd", lachte Candida, sprang über die Reling und lief hinter ihr her.

„Was ist denn überhaupt mit Thea und Charly auf einmal los?" fragte Tommy und schaute zum Bugkorb, wo Charly seine Beine herabbaumeln ließ und mißmutig die Arme über der Reling verschränkte. „Die haben sich doch noch nie gezofft."

154

„Nix", grinste ich und knackte eine der Bierdosen auf, die Waldemar aus der Kühlbox zupfte. „Bordkoller. Kommt in den besten Mannschaften vor. Nur dieses Mal tritt er ein bißchen früh auf. Eigentlich gab es noch gar keine Gelegenheit sich zu langweilen."

„Zu langweilen?" fragte Tommy.

„Ja. Wenn sich an Bord eine gewisse Routine einstellt, dann gerät man schnell in Versuchung, auftretende Langeweile dadurch zu kompensieren, indem man Unbeteiligten auf den Nerven herumzutrampeln beginnt."

„Auf die Nerven", wiederholte er mit ausdrucksloser Stimme und schaute mich erwartungsvoll an. Ich ließ gerade den Inhalt der Whitbread-Dose in meinen Hals rinnen.

„Ja", antwortete ich schließlich. „Man unterscheidet die Klugscheißer, die plötzlich jeden in ihrer Umgebung examinieren wollen, weil ihnen nämlich das Jahr über weder daheim noch im Büro irgend jemand richtig zuhört. Oder die Stinkmorcheln, die sich selbst auf den Geist gehen und in Wirklichkeit einfach nur Lust zum Streiten haben. Dann unterscheiden wir noch die beleidigten Leberwürste, die wegen ihres latent angeknacksten Gemütszustandes sowieso besser daheim geblieben wären, als sich mit durchweg schwierigen Menschen für Wochen auf ein schwankendes Fortbewegungsmittel zu begeben, das von der Grundfläche her etwa die Größe einer Besenkammer besitzt. Und dann vergessen wir natürlich nie die Frauen. Die haben sowieso immer was zu meckern. Aber das ist eh ein Kapitel für sich."

„Wieso?"

„Frauen haben vom Prinzip her auf Booten nix zu suchen", philosophierte ich munter weiter.

„Wollt ihr Lassagne zu Mittag?" fragte Waldemar und verschwand ohne eine Antwort abzuwarten im Innenraum der Yacht.

„Meiner Treu", schimpfte es von der Pantry her. „Hier stinkt es wie in einer Abdeckerei."

„Das sagst du aber wohl nur, weil Thea im Moment außer Hörweite ist", grinste Charly, der, neugierig geworden, wieder nach achtern in die Plicht verholte.

„Aber überhaupt nicht", entgegnete ich. „Schau dir nur mal die Geschichte des Segelsports an. Du findest reine Herrenregattamannschaften und hin und wieder die eine oder andere Frauenmannschaft, wie zum Beispiel die Crew der Rodeo, aber nie gemischtgeschlechtliche Crews. Und das ist gut so. Im Fahrtensegelsport hingegen werden Langstrecken entweder von Familien mit und ohne Kinder oder von reinen Herrencrews bewältigt. Und das ist genauso gut. Reine Damencrews gibt's beim Langstreckenfahrtensegeln sowieso nicht. Sind mir jedenfalls nicht bekannt. Das verwundert auch überhaupt nicht, denn die würden sich schon nach hundert Seemeilen so fetzen, daß ständig ein Heer von Gesichtschirurgen mitsegeln müßte. Gleiches gilt für gemischtgeschlechtliche Mannschaften. Hierbei treten Ausfälle durch Mord und Totschlag noch viel eher auf."

„Mord und Totschlag?" wollte Charly wissen.

„Ja. Als liebstes Beispiel stelle ich immer das Appolonia-Drama heraus. Eine Atlantiküberquerung mit Pärchen. Die eine Hälfte sitzt immer noch im Knast, die andere ist immer noch tot."

„Er macht Witze, oder?" fragte Charly an Tommy gerichtet. Tommy zuckte die Achseln.

„Aber ganz und gar nicht", warf ich ein und verteilte noch eine Runde Bierdosen. Ein Glück, daß Murkel mit Thea unterwegs war.

„Da waren einfach nur ein paar ziemlich unerfahrene Leute für ziemlich lange Zeit, ohne die Möglichkeit an Land gehen zu können, auf dem ziemlich weiten Atlantik unterwegs. Die Crew bestand unter anderem aus einem öden Besserwessie, übrigens der Skipper, allerdings nicht der Bootseigner, der von den Landratten perfekte Seemannschaft verlangte und sich künstlich aufregte, nur weil einer bei totaler Flaute ein erfrischendes Bad im Meer nehmen wollte. Das erzürnte ihn dermaßen, daß er zur Wiederherstellung der Bordmoral und vermutlich auch seines eigenen Egos schließlich zum Trommelrevolver griff. Meine Güte. Dann hätte er eben dieses Kommando nicht annehmen dürfen. Naja, ich verkürze den Rest ein wenig. Ende vom Lied war, daß es an Bord zu regelrechten standrechtlichen Erschießungen kam. Und warum das alles? Weil Weiber an Bord waren. Jeder wollte nämlich von Anfang an vor den Langhaarmatrosen zeigen, wie toll und wie gut drauf er doch war. Wären nur die Männer unterwegs gewesen, hätten die Staatsanwälte bestimmt nie bemüht werden müssen."

„Und was willst du damit sagen?" fragte Tommy.

„Denk doch mal nach", entgegnete Waldemar, der seinen Kopf durch den Niedergang streckte. Er deutete mit dem Kochlöffel auf mich. „Hier an Bord haben wir auch Männlein und Weiblein, einen öden Besserwisser, der Skipper ist, dem jedoch das Boot nicht gehört. Und wir haben jemanden an Bord, der sich ziemlich schnell über ziemlich viel tierisch aufregt. Besonders dann, wenn es mal nicht ganz so seemannschaftlich wie bei der Begegnung mit Fähren in Hafeneinfahrten oder beim Ankauf von Wertpapieren über Funk zugeht. Und wir haben eine offensichtliche Segelprotagonistin mit der „Seemannschaft" des Deutschen Hochseeyachtverbandes Hansa e.V. unter dem Arm an Bord, die die *Voyage* kommandomäßig am liebsten wie die Gorch Fock befehligt haben wollte."

„Typisch Weiber", knurrte Charly.

„Sag' ich doch", meinte ich grinsend und schluckte den Rest Whitbread weg.

„Kommst du mit, einen trinken?" fragte ich nach unten.

„Wau?" antwortete Murkel erstaunt und blickte schwanzwedelnd nach oben.

„Gehen wir in die Hafenkneipe", schlug ich vor. „Da gibt's Bier mit weniger Kohlensäure. Dann rülpst du auch nicht mehr so ordinär beim Bellen."

Was war passiert, daß ich auf einmal mit Murkel in eine Kneipe gehen mußte? Noch am Abend unseres Ankunftstages in Cherbourg sah es aus, als hätten sich alle heillos zerstritten. Thea sprach seit ihrer Rückkehr mit mir und Charly kein Wort. Murkel würdigte mich, seitdem ich seine Bierrationen drastisch reduziert hatte, anfangs keines Blickes mehr. Tommy verschwand zusammen mit Waldemar und Charly in irgendeiner Disco, und Thea und Candida ließen sich demonstrativ von einer benachbarten Chartermannschaft in irgendein stinkvornehmes Restaurant abschleppen. Mit dem Abwasch der Lassagne zurückgelassen, hatte ich auf einmal die Nase sowas von voll, daß ich Töpfe, Teller und Geschirr kurzerhand dreckig und verkrustet in die Spüle warf, Murkel ein Büchschen Whitbread in seinen Napf goß und anschließend in der in jedem französischen Hafen obligatorischen Bar du Port Vergessen beim Verkosten von Calvados Hors d'Age, einem zwölf Jahre in Eichenfässern abgelagerten Apfelbrand aus der Normandie, suchte. Als ich weit nach Mitternacht mit schwerem Schritt an Bord krabbelte und mich mit ebenso schwerer Zunge über die achtlos herumliegenden Schoten, Fallen und Festmacher beklagte, über die ich andauernd stolperte, verwünschte ich alle Segelschüler, Ausbildungsschiffe, Junior-Börsenmakler und angehende Theologiestudentinnen dieser Erde. Ach, wäre das jetzt auf *Solveig* alleine in irgendeinem Nordseehafen schön gewesen. Ich wischte mir mit dem Ärmel die ersten Anzeichen von aufsteigender Sentimentalität aus den Augen. *Solveig* gab's nicht mehr und damit basta. Jeder bekommt, was er verdient. Aber ob ich das hier wirklich verdient hatte, bezweifelte ich langsam.

Denn auch am darauffolgenden Morgen sah die Welt um uns herum aus, als würde der Himmel permanent über ihr zusammenbrechen wollen. Es schüttete, und der Wind jaulte durch die Wanten. Nun, wir lagen in Cherbourg sicher wie Abraham im Schoß seiner Geliebten (oder so ähnlich), aber die Zeit lief langsam davon. Schließlich mußten wir noch hinauf bis Den Oever und dann wieder das IJsselmeer hinunter nach Lemmer. Oder ich war gezwungen, von IJmuiden aus über den Noordzeekanaal bis Amsterdam zu motoren und von dort aus mit dem Boot über das IJsselmeer. Das war zwar kürzer, aber bei meinem Glück sammelte ich wie in jedem Jahr genau vor dem Hauptbahnhof wieder eine Plastiktüte oder ein Seil mit dem Propeller ein. Der anschließende Tauchgang in dieser dreckigen Brühe stellt immer den Höhepunkt der Reise dar.

Es schüttete den ganzen Tag, und Thea verschwand zusammen mit Candida schon wieder auf dem Nachbarschiff. Oh, ob sich da irgendwas tat? Jedenfalls wurden Waldemar und Charly auf einmal sehr nervös. Immer häufiger hörten sie die Wetterberichte wohl in der Hoffnung ab, ob sich in der Stimme des Propheten nicht doch so etwas wie beginnender Zweckoptimismus heraushören ließ. Aber auch die nachfolgenden Nachrichten klangen genauso mies wie die vorherigen. Erst als die beiden zwischendurch eine ziemlich formelle Mannschaftsbesprechung einberiefen, die sich hinterher so anhörte wie die Rede des Bundeskanzlers zur Lage der Nation, wurde ich langsam stutzig. Nanu? Gönnte man den Stegnachbarn etwa die Gesellschaft unserer Bordemanze nicht? Sollte da seit dem Wattenmeertörn auf *Solveig* bei Waldemar immer noch eine Beziehungskiste ungeöffnet auf dem Speicher liegen? Eine Beziehungskiste, auf der eine gewisse Segelschein-Anwärterin hockte und ihre langen, schwarzen Wella-Design-Locken ausbürstete. Eifersucht, ik hör' dir trapsen!

Als Candida und Thea auch am darauffolgenden Abend von den Nachbarjungs abgeschleppt werden sollten, platzte Waldemar und Charly der Kragen. Sie liefen alle amtlichen Stellen in der Stadt ab und ließen sich überall die neuesten Klartext-Wetterberichte, die Prognosen für die nächsten drei Tage und die dazugehörenden Wetterkarten ausdrucken. Daß es sich dabei jeweils um dieselben Informationen handelte, bekamen sie in ihrem Eifer gar nicht mit. Stundenlang versuchten sie anschließend den ziemlich dicht beieinanderliegenden Isobaren immer neue Interpretationsmöglichkeiten abzugewinnen. Schließlich wurde mir die Sache zu bunt.

„Okay, morgen laufen wir aus", meinte ich nach einem Blick auf die Dreitagevorhersage. „Wir sind eh spät dran. Sechs bis sieben

Beaufort sollten für ein Boot wie die *Voyage* kein unüberwindbares Hindernis darstellen."

Das war es natürlich nicht allein. Mir bereitete meine Mannschaft Sorge. Tommy war schon wieder in der Disco verschwunden, die beiden Grazien scheinbar auf Männerfang und Waldemar und Charly offensichtlich nicht nur im Navigationsrausch, sondern auch noch nach einem gewissen hormonell bedingten Eifer süchtig. Die einzig Vernünftigen an Bord schienen nur noch Murkel und ich zu sein. Wir machten uns also trotz des strömenden Regens fein und verkosteten hinterher in der örtlichen Bar du Port Gerstensaft. Jedenfalls besaß ich jetzt wieder einen richtigen Kumpel. Auch wenn der mir ständig die Finger abschleckte, wenn ich einen ausgab.

Du hattest deine Chance, Cowboy!

„Wo steckt eigentlich der verdammte Wachplan? Ich habe absolut keine Lust, andauernd euren persönlichen Oberkellner zu spielen."

Aus der Kajüte drangen rüde Vorwürfe. Charly schaute zu mir herüber und zuckte die Achseln. Unser Frankfurter Aktienjongleur stand am Ruder und prügelte die *Voyage* unter weit aufgefiertem Groß und halb ausgerollter Genua quer über den holprigen Parcour der Seine-Bucht, die sich weitflächig zwischen Pointe de Barfleur auf der Halbinsel Cotentin und Cap d'Antifer oberhalb von Le Havre erstreckt. Besonders bei Westwind und dann auch noch gegenläufiger Tide geht es dort wegen der zeitweise immensen Gezeitenströmungen zu wie auf einer Achterbahn. Nur, daß man im Gegensatz zu einer Achterbahn nie genau weiß, wann man unten angekommen ist und endlich aussteigen kann. Meine Mannschaft schien halbwegs seefest, weil ich vorsichtshalber den Einsatz sämtlicher Pflästerchen verboten und dafür homöopathische Ingwerstäbchen aus der Apotheke ausgeteilt hatte. Dr. Zylmann hatte tatsächlich recht. Das Zeugs half meinen Leuten genauso wie schon vor hundertfünfzig Jahren den Teerjacken auf den alten Klippern.

„He, wollt ihr mir nicht antworten?" riß mich die schwäbelnde Stimme aus den Gedanken.

„Was hat denn unser Suppenkasper auf einmal?" knurrte Thea und fierte ein paar Zentimeter die Genuaschot. „Bekommt ihm der Aufenthalt in der Pantry nicht? Oder steckt er im Knoblauchrausch?" „Vielleicht liegt es auch daran, daß er seit Swanage kaum noch vom Herd weggekommen ist", warf Candida ein, die mit meinem Peilfernglas vor den Augen vergeblich versuchte, die Klippenküste östlich der Omaha-Beach zu erkennen.

„Mit Ausnahme der Überfahrt von St. Peter Port nach Cherbourg", stichelte Charly. „Da ließ der Service aber rapide nach. Kaum, daß ein paar Wellen am Horizont..."

„Das muß du gerade sagen", warf ich ein. „Du hast doch im Race von jeder zweiten Welle, die an der Bordwand hochleckte, eine Mundspülung bekommen. Wer ohnmächtig ist, braucht sich wohl kaum über nachlassenden Service zu beklagen."

Waldemar erschien mit hochrotem Kopf im Niedergang, streifte sich demonstrativ die Gummihandschuhe von den Händen und stieg ins Cockpit.

„So, Leute, Schluß für heute", reimte er in seinen Dreitagebart. Überhaupt hinterließ er gar nicht mehr den Eindruck, den ein Verwaltungsangestellter gewöhnlich in der Öffentlichkeit zu hinterlassen pflegt. Im Gesicht immer noch leichenblaß (kein Wunder bei im Kerker Inhaftierten) erinnerte er eher an einen Zombie-Butler als an einen Sechs-Sterne-Bordkoch der Nouvelle Cuisine.

„Ab jetzt hat das Restaurant ‚Chez Waldi' geschlossen. Fermé, wie der Franzose sagt, oder Gesloten, wie es der Niederländer bordfein ausdrücken würde. Jetzt sollte ich mich auch einmal der langweiligen Bordroutine unterwerfen und euch bei diesen schrecklich unbequemen und gefährlichen Verrichtungen während der Fahrt unterstützen." Waldemar schaute mich mit hitzigem Gesichtsausdruck an.

„Ich denke", fuhr ich für ihn fort, „es wäre doch entsetzlich egoistisch von Waldemar, wenn er sich andauernd das Vorrecht herausnehmen dürfte, anstatt oben an Deck an Schoten zerren und am Steuerrad kurbeln zu müssen, sich stillklammheimlich unten im sicheren und warmen Schiffsbauch ohne Sicht auf den Horizont und inmitten der Koch-, Essens- und Dieselausdünstungen verdrücken zu können. Hinterher heißt es dann, wegen ihm wäre nicmand von euch in den Genuß des Kochens und Abwaschens bei sechs Beaufort von achtern gekommen, und es hätte niemand die Erfahrung machen dürfen, wie lustig es ist, die Teller und Töpfe beieinander zu halten, während sich das Boot in den Wellen mit bis zu dreißig Grad nach beiden Seiten überlegt." Waldemar nickte grimmig. „Genau. Und jetzt will ich mal segeln."

Thea blickte erstaunt auf. „Segeln? Ja, tun wir das denn nicht alle?"

Waldemar wies demonstrativ auf den Platz hinter dem Ruderrad. „Steuern wollen!" forderte er im Kleinkinderjargon.

Ich seufzte. „Okay, Charly. Laß dich von Herrn Schupfschnabl ablösen und mach, daß du in die Kombüse kommst. Ziemlich mieser Service dieser Service. Ganz schön trockene Luft..."

In diesem Moment rammte die *Voyage* ihren Bug in eine Welle, woraufhin das Wasser beinahe kerzengerade hochstieg und alle im Cockpit abduschte.

„Naja, vielleicht nicht gerade trocken. Aber eine Lage Dosenbier wäre nicht schlecht. Also, auf geht's, Gevatter. Frisch ans Werk!"

Unter dem Gejohle der anderen stieg Charly mißmutig die Treppe in den Salon hinunter. Es vergingen keine dreißig Sekunden, da ertönten auch schon die ersten Kommentare.

„Autsch! Verdammt, nochmal! Auauauau! Mein Knie! Oh, Himmel, mein Knie! Wer, zum Henker..."

„Na, hast du schon Bekanntschaft mit den Schubladen gemacht?" rief Waldemar nach unten. „Du mußt immer schön darauf achten, daß du einen Papierkeil dazwischen klemmst, weil sie sich im Seegang selbständig machen."

„Das hat mit Papier überhaupt nichts zu tun", fauchte es aus der Kajüte. „Wenn du dauernd so einen Schlingel-Schlangel-Kurs steuerst, dann ist es kein Wunder, daß hier unten die Schränke, Türen und Schubladen von alleine aufspringen."

„Wer steuert hier einen...? Huch! Ja, Kreuzsapperlot! Was hat sie denn auf einmal?"

Ich sprang hinter das Steuerrad und versuchte, wieder etwas mehr Ruhe in die Schiffsbewegungen zu bringen. Seit Waldemar am Steuer hockte, bewegte sich die *Voyage* auf einmal mit der Grazie einer sturzbetrunkenen Ballett-Ballerina über die Wellen. Waldemar hatte auf diesem Boot noch nicht sehr viel praktische Erfahrungen gewinnen können. Und es kamen mir langsam Zweifel, ob ein Tag wie heute mit drei Meter hohen Wellen und einer Windstärke in Böen von sechs Beaufort und dann auch noch recht von achtern überhaupt zum Üben geeignet erschien. „Jöh, schlägt das Ding nach beiden Seiten aus", murmelte Waldemar, der zwar eisern das Edelstahlrad festhielt, aber in den letzten fünf Minuten noch eine Spur weißer geworden schien.

„Auaaaah!" brüllte Charly. „Das hältst du ja im Kopf nicht aus! Das ist ja ein Wahnsinn hier unten!"

Waldemar amüsierte sich solange königlich, bis die nächste von hinten heranrauschende Welle das Boot zur Seite ausscheren ließ, woraufhin er wie ein Berserker zu kurbeln begann. Die *Voyage* begann nach beiden Seiten auszuschlagen. Unten in der Kajüte verstärkte sich das Wehgeschrei. „Was der schon wieder hat", knurrte Thea. „Laß mich mal 'ran!" rief sie, während sie die Niedergangstreppe nach unten kletterte. Ich hielt den Atem an.

„Auaah!" quietschte auf einmal die ehrwürdige Mutter los.

„Was ist denn los da unten", schrie ich nach vorne, während ich mit einer Hand am Steuerrad verhinderte, daß Waldemar der *Voyage* auch noch das Tangotanzen beibrachte.

„Tommy, schau du mal!"

Tommy lugte in die Kajüte hinunter und machte ein bedenkliches Gesicht. „Wo steckt der Verbandskasten?"

„Was ist los?" fragte ich verblüfft und hielt für einen kurzen Augenblick inne.

„Naja", meinte unser Atomstromgegner nachdenklich. „Einer wälzt sich auf dem Boden herum und hält sich die Kniescheibe, jemand anderes liegt daneben und hat einen Riß in der Jeans und eine blutige Schramme am Bein. Soll ich sie verarzten?"

„Gut", nickte ich und warf einen Blick auf meine Restcrew. „Aber paß auf, daß du mir nicht auch noch ausfällst. Ich habe keine Lust, das Ding hier irgendwann noch alleine nach Hause segeln zu müssen."

„Ja, ja", philosophierte Waldemar. „So schnell kann's gehen. So schnell ist man die Hälfte seiner Deckscrew los."

„Halt den Mund und steuere gefälligst geradeaus!" muffelte ich ihn an. Im nächsten Moment mußte ich jedoch schon wieder in die Speichen greifen.

„Da fährt uns jemand hinterher!" bemerkte Candida und setzte das Glas ab.

„Ach", meinte Waldemar desinteressiert.

„Ja", nickte Candida. „Eine große weiße Segelyacht. Sie fährt unter Spinnaker. Sieht toll aus!"

„Laß mal sehen", murmelte ich und warf einen Blick auf unseren Verfolger. In der Tat. Ein etwa gleich großer Segler stand noch etwa zwei bis drei Kabellängen hinter uns, holte jedoch wegen der wesentlich größeren Segelfläche relativ schnell auf. Ein prächtiges Bild stellte sich mir im Okular des Feldstechers dar. Die schwere Yacht pflügte unter Spinnaker und ungerefftem Groß wie ein dahinstürmender Elefantenbulle über das aufgepeitschte Wasser der Seine-Bucht. Die mußten mindestens neun Knoten laufen.

„Laß mich nochmal!" bettelte Candida und riß mir förmlich das Glas von den Augen.

„Oh, Mann!" stieß sie bewundernd aus. „Ist die schnell! Sag mal, Peter, haben wir eigentlich auch einen Spinnaker an Bord?"

„Sicher", murmelte ich ohne große Begeisterung. Täuschte ich mich, oder verspürte ich da spitze Nadelstiche in der Brust?

„Was ist denn bei euch los da oben", mischte sich jetzt Thea ein, die den Riß in ihrer Jeans notdürftig mit Greytape geflickt hatte. Sie kletterte neugierig in die Plicht.

„Hier, schau mal", meinte Candida und reichte ihr das Glas.

„Du, Candida, weißt du, wer das ist? Das sind die Jungs von der First 405, die neben uns in Cherbourg lag. Ich erkenne das an der Fahne, die an der Backbordsaling flattert. Das ist die Flagge des Vercharterers."

Das Pieken der Nadeln verstärkte sich langsam aber sicher zu einem sehr deutlichen Stechen.

„Laß mich nochmal sehen!" forderte Candida und riß ihr das Glas aus der Hand.

„Ja, du hast recht", schrie sie auf einmal auf. „Weißt du, wer am Ruder steht? Das ist Bernd."

„Bernd?" brüllte auf einmal Thea voll Begeisterung. Es entspann sich eine wilde Rauferei um das Glas, die erwartungsgemäß von unserer angehenden Theologin gewonnen wurde.

„Tatsächlich!" brüllte sie. „Das ist Bernd. Ist er nicht ein toller Hecht? Bei dem Wind unter Spinnaker! Klasse!"

Das Stechen konnte nicht mehr von Nadeln herrühren. Dahinter steckten fünfzöllige Stahlkrampen.

„Du weißt doch", wandte sie sich an Candida, die ungeduldig von einer Pobacke auf die andere wippte, „was Bernd prophezeit hat. Entweder er rutscht unter Spi über die Seine-Bucht, oder er fliegt im Learjet nach Hause."

„Im Learjet", murmelte ich. So mußte sich einer mit akuter Angina pectoris fühlen.

„Ja", nickte Thea und ließ ihrer Begeisterung freien Lauf. „Er ist Geschäftsführer einer Konservenfabrik im Westfälischen. Normalerweise segelt er nur Hochseeregatten. Admirals Cup, und so. Aber ein paar Leute aus seinem Klub hatten ihn gebeten, ihnen mal richtiges Fahrtensegeln beizubringen. Nur deshalb segelt er diesmal so einen Spucknapf."

Spucknapf? Eine First 405? Du glaubst es nicht! Entweder war Thea größenwahnsinnig oder der von ihr Angehimmelte. Ich jedenfalls verspürte mit einem Mal Angina pectoris im Endstadium. Es wurde gefährlich. Ich begann vor meinem geistigen Auge riskante Was-wäre-wenn-Spielchen auszutüfteln. Was wäre, wenn Charly ans Spifall und Tommy an Niederholer und Toppnanten ging, Waldemar die Schot und Candida den Achterholer bediente. Oder, wenn Candida und Thea die Schoten und Tommy und Charly...? Ich schluckte trocken. Ich mußte verrückt geworden sein!

„Smut!" brüllte ich. „Wo blieven de Süppjes?"

„Kommt!" schrie Tommy nach oben, und schon flog ein Viererpack beinahe waagerecht aus dem Niedergang.

Ich knackte mir eine Büchse auf und ließ den Inhalt in einem Zug durch die Kehle zischen. Dabei mußte ich teuflisch darauf achten, daß ich mich nicht verschluckte, denn Waldemar steuerte immer noch den Schlingel-Schlangel-Kurs. Mein Durst war jetzt zwar

gelöscht, der Stachel jedoch steckte immer noch tief. Auch
Candida trug nicht gerade dazu bei, mein Stimmungsbarometer
steigen zu lassen.

„Hast du das gesehen?" quiekte sie auf einmal auf. „Da klettert
einer auf die Spibaumnock. Der Typ trägt einen gelben Offshore-
Anzug. Das ist bestimmt Ludwig! Huhu! Ludwig!"

Sie setzte das Glas ab und begann wild in der Luft herumzufuch-
teln. Thea riß es ihr in einem günstigen Augenblick vom Hals

und lugte erneut zu unserem Verfolger, der jetzt bis auf eine Kabellänge aufgeschlossen hatte, hinüber. Tatsächlich, an der Spibaumnock, dort, wo das Spinnakerschothorn mit dem Schnappverschluß der Segelspreize verbunden war, hangelte ein menschlicher Affe geradezu zirkusreif am Niederholer empor, um dort anscheinend irgendwas zu klarieren. Es sah schon toll aus, wie diese Vierzigfußyacht unter einem dunkel verhangenen Himmel über eine weißgeköpfte See schoß, dabei unter Spinnaker das Wasser zur Seite drückte und im Surf über die von achtern heranrollenden Seen hinwegritt. Jeder Zeitungsfotograf hätte sich um dieses Motiv gerissen. Ich hätte auch gerne für eine Wassersportzeitschrift ein solches Photo geschossen, aber erstens bohrte immer noch der Stachel in meiner Eiterbeule aus Neid und Mißgunst herum und zweitens hatte ich auch in Cherbourg vergessen, endlich einen Film für meine Pocketkamera zu kaufen.

„Er winkt zurück!" schrie Candida. „Huhu! Ludwig! Huhu!"

„Reiß dich zusammen!" knurrte ich sie an.

Candida und Thea wirbelten wie auf Kommando herum. „Nanu?" fragte Thea mit süffisantem Grinsen. „Neidisch?"

„Quatsch!" brummte ich und ließ den schäumenden Inhalt der nächsten Dose Whitbread in meinem Magen verschwinden.

„Schiß?" bohrte Thea nicht sonderlich damenhaft-direkt in meiner offenen Wunde weiter.

„Blödsinn!" fuhr ich sie an.

„Warum setzen wir denn dann nicht auch den Spinnaker?" fragte Candida beinahe schon beiläufig und ließ dabei den Spibaumturner nicht eine Sekunde aus den Augen.

In diesem Moment kletterten auch Charly und Tommy an Deck. Sie sahen sich um und begriffen rasch. Ich merkte, daß es insbesondere dem jung-dynamisch-erfolgsverwöhnten Charly absolut nicht in den Kram paßte, daß wir überholt wurden. Und schon gar nicht von den Typen, an denen unsere Bordmiezen seit unserem Zwangsaufenthalt in Cherbourg wohl einen Narren gefressen zu haben schienen. Ohne auf ein Kommando zu warten, rollte Charly die Genua voll aus. Unsere Geschwindigkeit nahm aber nur unwesentlich zu. Normalerweise hätte ich ihn wegen dieser Insubordination böse angepflaumt, aber einer inneren Eingebung folgend ließ ich ihn stumm gewähren.

Plötzlich jedoch holte die *Voyage* weit nach Backbord über. Beinahe wären wir alle aus dem Cockpit katapultiert worden, so sehr legte sich die Yacht auf die Seite. Waldemar schien sich in diesem Moment kolossal versteuert zu haben. Ich warf ihm einen strafenden Blick zu. Er machte auf mich den Eindruck, als paßte ihm die ganze Situation auch nicht.

„Was ist denn los?" fuhr ich ihn an. Gleichzeitig biß ich mir auf die Lippen. Er konnte nun wirklich nichts dafür.

„Habe nicht aufgepaßt", preßte er hervor. Ich nahm wahr, daß er mit den Zähnen knirschte.

„Halt dich ja ran!" knurrte ich.

„Kannst mich ja ablösen, wenn's dir nicht paßt", erwiderte er.

Nein, es paßte mir ganz und gar nicht, knurrte ich still in mich hinein. Aber das war hier ein gottverdammter Ausbildungstörn und nicht die Cowes-Week. Ihr seid alle blutige Landratten und keine hochbezahlte Profimannschaft, mit der man bei sechs Beaufort mal so eben locker den Spi setzt, weil sieben bis acht Knoten Speed eben noch viel zu wenig Vortrieb darstellen. Meine Güte, was verlangt ihr von mir? Wollen wir hier den Mast riskieren, oder was?

„Das tu ich besser auch", antwortete ich grob und schubste ihn zur Seite.

„Können wir nicht auch den Spi setzen?" wiederholte Charly.

Fünf Augenpaare klebten auf einmal an meinen Lippen. Seine Frage klang eher wie eine demonstrative Aufforderung. Ich schüttelte den Kopf.

„Wie stellt ihr euch das vor?" fragte ich. „Wir haben den Spi noch nicht einmal ausprobiert. Das Ding besitzt mehr als hundert Quadratmeter Segelfläche. Das ist die Grundfläche einer Vierzimmer-Wohnung. Bei Starkwind mit drei Metern Wellenhöhe muß die Vordecksmannschaft perfekt aufeinander eingespielt sein. Sonst gibt's Bruch. Und fragt besser nicht wie."

Thea winkte ab. „Ja, verstehe ich. Schade drum. Na, nächstes Jahr werde ich einen richtigen Perfektionskurs buchen. Auf einer Yacht mit einem richtigen Ausbilder."

Candida riß ihre Augen auf und starrte unsere Bordemanze ungläubig an. „He, Thea, meinst du nicht, das war ein bißchen unfair?"

„Das meine ich aber auch", stimmte ihr Tommy zu.

„Ach, Quatsch!" stieß unsere angehende Bordpfarrerin aus. „Wir haben doch diesen Törn gebucht, um richtig segeln zu lernen, oder? Richtiges Küstensegeln lernt man nicht während eines gewöhnlichen Segelschulausbildungstörns. Deine Worte, Peter? Aha, habe ich also recht. So, und nun könnten wir mal vom Segelscheinallerlei abweichen. Aber nein, der Herr Peter Paul kneift! Schöner Ausbildungstörn ist das! Alles Angabe! Alles Schwindel!"

Theas Augen blitzten wild. Waldemar, der immer noch neben mir stand, und ich schwiegen. Wir blickten zu der First hinüber, die jetzt bis auf zehn Meter aufgeschlossen hatte und ziemlich dicht auf uns zuhielt. Drüben hockten sechs Mann auf der Kante, zwei saßen in der Plicht. Sie winkten zu uns mit der lässigen Leichtigkeit der Sieger herüber. Einfach eklig! Candida und Thea klebten förmlich an unserer Reling. Ich befürchtete schon, daß sie irgendwann noch ins Wasser fielen. Ich war so angefressen, daß es mir in diesem Moment sogar egal gewesen wäre. Der Mann in dem gelben Kampfanzug kletterte zurück auf das Seitendeck und schlenderte bis in Höhe der Oberwanten zurück.

„Na, macht's Spaß bei euch da drüben?" feixte er zu den Mädels herüber. „Nächstes Mal könnt ihr ja bei uns mitsegeln."

„Ja, vielleicht!" brüllte Candida gegen den Wind.

„Ja, bestimmt!" nickte Thea und fing sich einen Rippenstoß ein.

Ich spürte, wie jemand neben mir unruhig wurde. Ich warf einen scharfen Blick zur Seite. Waldemar stand neben dem Ruderrad. Seine Handknöchel waren weiß vor innerer Anspannung, so sehr ballte er die Fäuste. Mir fiel auf, daß er schon seit Minuten schwieg. Es schien, als dachte er angestrengt über irgend etwas nach. Die First schob sich immer dichter heran. Was mir mißfiel war die Tatsache, daß ihr Spibaum nach Steuerbord ausgeklappt war. Er spreizte das bunte Ballonsegel beinahe rechtwinklig vom Mast ab und maß bestimmt vier Meter. Die First fuhr bis auf Tuchfühlung an uns heran. Wir fuhren das Großsegel weit aufgefiert an Backbord. Und unser Großbaum war nicht viel kürzer.

„Wo wollt ihr hin?" fragte der Gelbe. Ich ignorierte die Frage und deutete stattdessen auf deren Spibaum.

„Raum!" rief ich hinüber.

Der Mann maß den Abstand zwischen der Spibaumnock und unseren Oberwanten.

„Keine Panik, Junge! Das reicht schon!"

Ich drehte mich herum und fixierte den Mann am Steuerrad. Es war immer noch derselbe wie eben. Dieser Bernd. Anscheinend seit Cherbourg wohl Theas neuer Aufriß. Weisungen erteilte man am besten immer noch dem Skipper.

„Raum, da drüben!" brüllte ich in das gegnerische Cockpit. Inzwischen begannen die sechs auf der hohen Kante Witze über mich zu reißen.

„Weich du doch aus!" schrie der Typ namens Bernd zu mir hinüber.

In diesem Augenblick gerieten wir in die Wirbelschleppe des gegnerischen Bootes, vielleicht hatte uns aber auch nur eine besonders hohe Welle von hinten erwischt. Jedenfalls holte die *Voyage* unkontrolliert über. Hinter mir merkte ich, wie Waldemar scharf die Luft einzog.

„Klang!" machte es. Spibaum und Großbaum stießen mit den Nocken aneinander.

„He, ihr Pfeifen!" brüllte der Mann am Ruder zu uns hinüber. „Paßt auf, wo ihr hinfahrt! Wenn ihr nicht segeln könnt, dann bleibt daheim auf eurem Baggersee!"

„Moment mal!" mischte sich jetzt plötzlich Candida ein. In diesem Moment kamen ihr wohl einige Passagen aus ihrem Lehrbuch in Erinnerung. „Der Überholer muß sich freihalten!"

„Ja, ehrlich?" lachte Bernd. „Was du nicht sagst. Ruf doch die

Küstenwache! Und jetzt auf Seite mit eurer lahmen Krücke!" „Ja, das ist doch..." entrüstete sich jetzt auf einmal auch Thea.

„Klang!" machte es ein zweites Mal, weil wir für den Bruchteil eines Augenblicks aufholen konnten. Das Luvohr des Spinnakers war für Sekunden leicht eingefallen und hatte den Vortrieb unseres Gegners etwas abgebremst.

„Tolle Freunde habt ihr euch da in Cherbourg angelacht!" schimpfte Charly und funkelte Thea an. Thea zuckte merklich zusammen.

„Tolle Seemannschaft, muß ich schon sagen", fügte Tommy hinzu, der seine Gesichtsfarbe innerhalb kürzester Zeit in dunkelrot wechselte. „Da segle ich doch lieber mit Peter."

„He, du Sponti!" schnauzte Thea zu der First hinüber. „Jetzt reicht es aber..."

„Mast querab, ihr Amateure! Verpißt euch mit eurer Gurke!" unterbrach sie ihr ehemaliger Galan.

„Gurke?" stieß Waldemar verblüfft aus und sah mich fragend an. Ich blickte angestrengt auf unsere Großbaumnock, die sich immer noch nicht außer Gefahr befand. Ich konnte nicht einfach abrupt nach Steuerbord abschwenken, denn dafür lagen die Boote zu dicht beieinander. Ich hätte beim Anluven ein Krängen des Bootes und eventuell dadurch einen ernsthaften Zusammenprall der Riggs provoziert. Ehrlich gestanden, wollte ich auch gar nicht ausweichen. Der Typ am Ruder erinnerte mich irgendwie an einen dieser Stock-Car-Crashpiloten. Das sind diese unterbelichteten Schumacher-Imitatoren, die straffrei irgendwo auf einem abgesperrten Kiesgrubengelände tüv-fällige Kaleschen zu Schrott fahren dürfen. So Typen, denen alles egal ist und die darauf hoffen, daß die Notärzte ihre Rivalen schon wieder zusammenflicken. Der hier jedenfalls hielt voll drauf. Ich konnte nicht riskieren, ohne Mast bei den Heinrichs in Lemmer anzukommen. Blamiert hatte ich mich wegen meines Zögerns mit dem Spinnaker schon genug, aber im Boden versinken vor Scham wollte ich vor meiner Crew nun doch nicht müssen. Als ich schließlich mit der *Voyage* dann doch Zentimeter für

Zentimeter zur Seite rutschte und dabei Raum gab, füllte sich auch wieder das eingefallene Spinnakerohr auf dem Nachbarboot, und sie schob ab.

„...und tschüs!" brüllten acht Kehlen gleichzeitig zu uns hinüber. Es dauerte keine zwanzig Sekunden, bis das große 40-Fuß-Boot klar voraus lag und ihr Heckkorb schließlich vor unserem Bugkorb lag. Das alles erinnerte mich an ein Matchrace, das ich einmal im Sportkanal gesehen hatte. Ich dachte grinsend daran, welche Lehrstunde der australische Champion seinem amerikanischen Herausforderer damals vor laufenden Kameras gab. Genau zehn Sekunden lag der Ami voraus, dann brach plötzlich sein Zehntausenddollar-Karbonmast unterhalb der obersten Saling in der Mitte durch, und das Race war gelaufen. Nein, wäre das jetzt schön... Ich verwarf diesen absurden Gedanken. Zu gefährlich!

Plötzlich wurde ich von hinten am Kragen gepackt und zur Seite gerissen. Ehe ich mich versah und bevor ich in eine Abwehrstellung gehen konnte, hatte Phantomas beziehungsweise Zorro, der bleichgesichtige Rächer der Witwen und Waisen und abgehängten Ausbildungsschiffe, das Kommando über die *Voyage* übernommen. Es konnte aber auch sein, daß es sich um einen übriggebliebenen Kamikazekrieger aus dem letzten Pazifikkrieg handelte.

Ich vernahm nämlich den unterdrückten Ausruf: „Banzai!"

Ehe ich eingreifen konnte, schwenkte die *Voyage* exakt in Kiellinie der First 405 zurück. Da unsere beiden Segel noch voll aufgefiert waren, bildeten die beiden Segeltuche eine prächtige Wand für den von achtern einfallenden Wind. Quasi eine Barriere, die kaum noch ein Lüftchen nach vorne durchließ. Und genau vor uns segelten die acht Spaßvögel, in die sich unsere Bordhippen in Cherbourg wohl verguckt hatten. Die Wand aus schwerem, weißen Dacrontuch brachte zunächst einmal das wallende Nylon-Vorwindsegel auf der 405 zum Einfallen. Zuerst knickte das Luvohr ein, dann fiel es ganz in sich zusammen und schließlich begann es wild vor dem Vorstag herumzuschlagen. Bei den knapp sechs Windstärken von achtern erzitterte deren Rigg bis zur Kielsohle.

Waldemar ließ das Ruderrad nach Steuerbord wirbeln. Durch diese Aktion gab er den Wind nach vorne auf unseren Vorausfahrer mit einem Schlag wieder frei. Den Effekt muß man sich vorstellen wie bei plötzlichem Durchzug in einem nach zwei Seiten offenen Zimmer. Wenn man Glück hat, knallen nur ein paar Türen, wenn man Pech hat, fliegen einem die Fensterscheiben aus den Rahmen. Jedenfalls krachten die sechs Beaufort Südwestwind ungehindert auf ein schon flatterndes Großsegel und einen Spinnaker, der im Moment nicht wußte, ob er sich nur um das Vorstag wickeln oder dabei gleich eine formvollendete Eieruhr bilden sollte. Die riesige Nylonblase begann wild zu schlagen, riß und zerrte am Fall, an den Schoten und am Spibaum und brachte das ganze Rigg zum Erbeben.

Wieder steuerte Waldemar zurück und setzte sich genau vor ihr Heck. Seine Augen flackerten vor Erregung. Hecktische rote Flecken bildeten sich auf seinem Gesicht. Hätte er vier spitze Eckzähne aufblitzen lassen, ich glaube, es hätte mich in diesem Moment nicht im geringsten überrascht. Und ich war viel zu gelähmt und fasziniert zugleich, daß ich überhaupt nicht dazu kam, einzuschreiten. Im übrigen spielte sich das ganze Szenario nur in wenigen Augenblicken ab. Thea und Candida starrten mit weit geöffneten Mündern nach vorne, wo auf unserem gegnerischen Boot wie bereits kurz vorher schon wieder der Spi in sich zusammenfiel.

„Rumm!" brüllte ich Waldemar unbeherrscht ins Ohr. „Du versenkst ihn!"

„Na und?" kreischte der Schwabe vor Begeisterung.

„Bist du des Irrsinns?" schrie ich voll dunkler Vorahnung. Der Schwabe mußte den Verstand verloren haben.

„Laß mich!" fuhr er mich an, als ich Anstalten machte, ihn vom Steuerplatz zu schubsen.

Ich war mir nicht sicher, ob man ihn nach dieser Affäre in Zukunft überhaupt nochmal ans Ruder lassen konnte. Er sollte sich in Südostasien als Pirat auf einer Thai-Dschunke verdingen. Schließlich jedoch zeigte Waldemar ein Einsehen und zog die *Voyage* mit einem beherzten Schwung erneut zur Seite weg. Nun passierten zwei Dinge kurz hintereinander. Mit unserem Bugkorb tauchten wir unter der am Heck der First in Davits gehalterten Beiboot durch und hebelten es aus den Trägern. Es kippte erst gegen unser aufgefiertes Vorsegel und dann ins Wasser. Weil es weder am Heckkorb noch an irgendeiner Klampe festgebunden war, trieb es rasch ab. Zehntelsekunden später blähte sich der mindestens hundert Quadratmeter große Spi in einem Schwung auf. Schot und Achterholer kamen dabei mit solcher Brachialgewalt dicht, daß es den Endbeschlag aus dem Spinnakerbaum riß. Knatternd wie eine Maschinengewehrsalve rauschte das bunte Tuch nach vorne aus.

In diesem Moment drehte die First unkontrolliert nach Backbord weg. Zum Glück, denn wir lagen an Steuerbord genau neben der 12-Meter-Yacht der anderen. Dabei fuhr der Steuermann die schönste Patenthalse, die ich je aus der Nähe miterleben durfte. Der Lümmelbeschlag am Mast flog bestimmt zwanzig Meter weit durch die Luft, das Baumprofil schlug scheppernd gegen den Mast.

„Du hattest deine Chance, Cowboy!" brüllte Waldemar zu unserem Konkurrenten hinüber.

„Scheiße!" murmelte er anschließend. „Nicht mal die Segel sind ihm aus den Lieken geflogen."

„Ja, du läßt nach", bedauerte ich ihn genauso leise. „Sag mal, bekommt ihr in eurer Kleinstadt eigentlich den Sportkanal ins Kabel eingespeist?"

„Hast du das Matchrace auch gesehen?" feixte Waldemar. „War nicht schlecht, hm? Ja, ja, Fernsehen bildet."

In der Tat. Ehemaligen schwäbischen Kanuten sollte man nicht allzu dreist auf die Füße treten. Seit er damals auf Texel Bert Heinrichs das komplette laufende Gut aus Mast und Baum gefädelt hatte, nur weil der uns innerhalb der Hafeneinfahrt auf – zugegeben ziemlich rüde Weise – abgedrängt hatte, hätte ich mit einer solchen Aktion eigentlich rechnen müssen. Das war damals übrigens die erste Begegnung mit Bert Heinrichs, Candida, Charly und Tommy. Wie sagte schon Boogey in der Schlußszene von Casablanca: „Ich glaube, das ist der Beginn einer wunderbaren Freundschaft."

„Was war denn das?" fragte Candida, die sich von der übrigen Bordbesatzung als erste fing. Sie war genauso kreidebleich geworden wie Thea.

„So muß ein Spimanöver aussehen. Dann klappt's auch mit dem Nachbarn!" feixte Waldemar.

Auf der First wurden der Motor gestartet und das, was von den Segeln noch übrig geblieben war, geborgen. Zudem trieb deren Schlauchboot immer schneller ab.

„Ich habe euch ja gesagt, welche Gefahren beim Segeln unter Spinnaker auf einen lauern", fügte ich grinsend hinzu.

„Halt bloß den Mund!" warnte ich Tommy, der kurz hinter der Ansteuerungstonne des Chenal de Rouen das Steuer übernahm. Vor uns tauchte eine regelrechte Flotte von Frachtern und Tankern am dunstigblauen Horizont auf.

„Wieso?" fragte er erstaunt.

„Wegen Thea. Wenn unsere ehrwürdige Mutter sieht, was hier vor Le Havre los ist, dann sollst du mal sehen, welchen Budenzauber die wieder veranstaltet. Hier geht's nämlich zu wie auf der Kegelbahn, und wir sind die Kegel."

Tommy grinste. „Na gut. Ich denke, die beiden Mädels sind sowieso noch mit dem Abwasch beschäftigt."

Wir waren nach dem ungleichen Matchrace noch bis in die Seinemündung hineingesegelt und hatten gemeinsam überlegt, wo wir denn für die Nacht unser Quartier aufschlagen sollten. Die Männer waren für Deauville-Trouville, den stark englisch geprägten Ort gegenüber von Le Havre. Doch im Gegensatz zu den beiden Hafenbecken fällt die Zufahrt zu den Marinas trocken. Am kommenden Morgen wäre es etwas heikel geworden, denn wir wollten nicht erst zweieinhalb Stunden vor Hochwasser auslaufen können, sondern wenigstens um die Kaps de la Heve und d'Antifer und noch weiter bis Fécamp den mitlaufenden Flutstrom beizeiten ausnutzen.

Somit kamen eigentlich nur zwei Häfen in Frage: der pittoreske Stadthafen von Honfleur oder die Industriestadt Le Havre. Seit dem gewonnenen „Segel-Grand-Slam" vom Nachmittag hatte ich als Skipper wieder eine Menge Pluspunkte sammeln können, woraufhin man mir wortlos und ohne Murren nach Honfleur folgte. Candida war plötzlich sehr einsilbig geworden und hockte trotz des schlechten Wetters den restlichen Weg bis hinauf zur Normandieküste mit angezogenen Beinen auf dem Vordeck. Thea hielt sich überwiegend in Pantry und Salon auf und las mir entgegen aller ihrer sonstigen Gepflogenheiten jeden Wunsch von den Lippen ab. Charly wuselte permanent hinter ihr her. Entweder, um ebenfalls bei mir Pluspunkte zu sammeln oder, um bei Thea auf den Busch zu klopfen. Mir kam es so vor, als wäre eine gewisse Eifersucht einem gewissen Bernd gegenüber nicht von Ungefähr gekommen. Aber ein Börsenspekulant und eine eher sozial engagierte, angehende Afrikamissionarin? Wo sollte das denn hinführen?

Naja, eigentlich gab es noch einen weiteren Grund, der gegen Le Havre sprach. Ich ging davon aus, daß sich in dieser relativ großen Stadt am ehesten Ersatzteile für das Rigg auftreiben ließen. Also würden Bernd und Konsorten wohl kaum in Honfleur einlaufen. Ich war mir nämlich nicht ganz so sicher, ob die acht von der First Waldemars kleinen Hattrick so sportlich wie wir nahmen. Eine Prügelei unter Deutschen in einem französischen Hafen war das allerletzte, womit ich diesen Ausbildungstörn krönen wollte.

Honfleur war natürlich wieder erste Sahne, zumal ich die ganze Bande zum traditionellen Kapitänsdinner ins „L'Assiette Gourmande" am Quai des Passagers einlud. Das „L'Assiette Gourmande" verfügt immerhin über drei gekreuzte Michelin-Messerchen und -Gäbelchen. (Wenn Sie, lieber Leser, einmal mit dem Boot nach Honfleur einlaufen, empfehle ich Ihnen unbedingt, dort einzukehren. Das Restaurant liegt direkt am Kai und zwar vor der Brücke, die über die Zufahrt in den Stadthafen von Honfleur führt.) Sogar Murkel, der sich seit Cherbourg wieder frei auf seinen vier Pfoten bewegen durfte, erhielt ein Schälchen Wasser und den obligatorischen Knochen, den der Küchenchef persönlich einem so braven Hund überreichte. Der Maitre wunderte sich nur, daß sich Murkel andauernd mit peitschendem Schwanz und heraushängender Zunge vor der Zapfanlage des Getränkeausschankes postierte. Am nächsten Morgen brachen wir früh auf. Honfleur läßt sich trotz der neu errichteten Schleuse leider nicht bei Niedrigwasserstand verlassen. Zwar hätten wir, wie ich es geplant hatte, bereits zwei Stunden vor Niedrigwasser auslaufen können, aber meine verkaterte Mannschaft kam nach dem Gelage am vergangenen Abend nicht in die Puschen. Zwar hätten wir im Rouen-Kanal, wie der Unterlauf der Seine genannt wird, stromab noch etwas mitziehenden Ebbstrom gebrauchen können, aber dafür stand in der eigentlichen Seine-Bucht wenigstens der Flutstrom, der uns nach Nordosten ziehen würde, bereits kräftig durch. Nach dem Tief, das überraschend schnell durchzog, baute sich ebenso rasch über Irland ein stationäres Hoch auf. Das bedeutete in der Anfangsphase erst einmal Schwachwind aus umlaufenden Richtungen, später meist Nordostwind, und wenn sich das Hoch weiter aufbaute und etablierte, rasch auch einmal eine mehrere Tage andauernde Ostwindlage mit Stärken von sechs Beaufort und mehr. Deshalb sollten wir sicherheitshalber längst Dieppe erreicht haben, damit wir so wenig wie möglich aufkreuzen mußten.

„Was ist das für eine merkwürdige Tonne da vor uns?" fragte Charly und legte das Peilfernglas zu Seite. „Schwarz-rot gestreift mit zwei schwarzen Bällen."

„Eine Frage an den Fachmann", schmunzelte ich. „He, Tommy, hast du eine Idee?"

„Nein, wieso?" entgegnete er frech. „Sollte ich eine haben?"

Ich lachte. „Mir ist es egal, wenn du durch die Prüfung rasselst. Einer weniger, der die Weltmeere unsicher macht. Aber auch wenn du hinterher keinen Schein in Händen hältst, solltest du schon um deiner eigenen Sicherheit Willen wissen, um was es sich handelt. Waldemar?" „Einzelgefahrenzeichen?"

„Präzise. Charly, spring einmal in die Kajüte und schau in der Karte nach, ob wir die Tonne weiträumig umfahren müssen oder ob uns an dieser Stelle genügend Tiefgang zur Verfügung steht."

„Ay, Sir!" rief Charly, salutierte zackig und sprang den Niedergang hinab.

„Aua!" brüllte Thea. „Schau, wohin du trittst, du Esel. Das ist ja nicht auszuhalten mit solch einem Tolpatsch wie dir."

Aha. War wohl nichts mit der Verbindung zwischen Klerus und neureichem Geldadel.

„Über neun Meter", meldete Charly, als er eine Minute später wieder im Cockpit erschien. „Keine Gefahr."

„Hier nicht", meinte ich und bat das Abwaschgeschwader um ein verspätetes Frühstücksbierchen. „Aber in den Watten, wo die Wassertiefen sowieso schon grundsätzlich niedriger sind, solltet ihr unbedingt aufpassen. Ich kenne da eine Stelle im Friesischen Seegat, die ist ähnlich bezeichnet, und die hat es in sich. Die Gegend da ist gespickt mit Wracks."

„Wo genau?" fragte Tommy. Ich ahnte, daß er mich wohl auf die Probe stellen wollte.

„Auf den sogenannten Wierumer Gronden. Das ist die Sandbank, die westlich des Westgat liegt. Das Westgat ist der Hauptpriel im sogenannten Friesche Zeegat."

„Wo steht das?" fragte Tommy weiter.

„Glaubst du mir etwa nicht?" entgegnete ich lachend. „Aber gut. Mißtrauen ist die erste Bürgerpflicht jedes ordentlichen Navigators. Nimm den Kartensatz 1812 des Niederländischen Hydrografischen Instituts zur Hand. Schlage die Ansteuerung der Enge zwischen Ameland und Schiermonnikoog auf. Dann suche die 5-Meter-Tiefenlinie, und du wirst das Seezeichen – es ist übrigens eine Bake – finden."

Fünf Minuten später saß Tommy wieder in der Plicht, eine Illusion ärmer.

„Woher weißt du das eigentlich alles?" wollte er wissen. „Das kann man doch nicht alles auswendig lernen und behalten. Wo zum Teufel ist da der Trick?"

Ich grinste. „Kein Trick. Frag mich das in drei, vier Monaten besser nicht mehr. Ich habe in den Wintermonaten Gernots neues Handbuch über die niederländische Nordseeküste, bevor es in den Druck ging, mehrmals für ihn Korrektur gelesen. Da bekommt man so einiges mit. Und manches bleibt eben sogar bei mir hängen."

„Tea-Time!" rief Candida nach oben.

„Tea-Time?" fragten vier Männer aus einem Munde.

„Schaut her!"

Endlich flog das Viererpack Stella Artois durch den Niedergang nach draußen. Charly fing die in Plastik eingepackten Dosen geschickt auf.

„Eigentlich eine Schande, das gute Weißblech für Bierdosen zu verschwenden", schimpfte der umweltbewußte Tommy.

„Wenn du erst einmal wie ich einen kompletten Bierkasten im Salon zerdepperst und hinterher stundenlang die Millionen Scherben auf Salonboden und Bilge klauben mußt, dann würdest du auch die Vorzüge von Dosen schätzen. Bier in Plastikflaschen gibt's ja leider noch nicht."

„Boooohhhh!" meldete sich keine hundert Meter neben uns die Schallsignalanlage eines Frachters. Wir liefen inzwischen vierkant auf den schmalen Tiefwasserweg nach Le Havre zu. Der Frachterkapitän hatte wohl angenommen, wir wollten noch vor seiner rostroten Bulknase das Fahrwasser queren.

„Oh, mein Gott! Oh, mein Gott!" brüllte Thea und sprang in rekordverdächtigem Tempo die vier Stufen hoch an Deck und blickte mit gehetztem Blick wild um sich.

„Bingo!" lachte Tommy.

Zähneknirschend zupfte Charly einen Hundertfrancschein aus seiner Hemdtasche und drückte ihn in die ausgestreckte Hand unseres Steuermanns.

...dann klappt's auch mit dem Nachbarn!

„Oh, mein Gott! Oh, mein Gott!"

Aha, es war wieder mal soweit. Das mußte Port d'Antifer sein! Ich räkelte mich auf der Polsterunterlage zurecht, blinzelte kurz nach oben in den Himmel und schloß wieder demonstrativ die Augen.

„Oh, mein Gott! Oh, mein Gott!"

Ich öffnete meine Augen einen schmalen Spalt. Über mir stand Thea im Niedergang, preßte das Peilfernglas vor die Augen und starrte gebannt nach Westen.

„Er rammt uns! So wie der weiterfährt, muß der uns rammen! Die scheinen alle dort an Bord zu pennen! Was treibt der mit diesem Riesending überhaupt hier vor der Küste?"

Ich stöhnte auf und drehte mich auf die andere Seite. Charly streckte in diesem Moment seinen Kopf aus dem Niedergang.

„Du liegst gut, Candida", bestätigte er die Kurswahl unserer schwarzgelockten Steuerfrau. „Gleich müßte die Tonne A 17 auftauchen."

„Was ist mit diesem Frachter da neben uns? Ja, Himmel hilf! Sehen die uns denn nicht? Der fährt doch genau auf uns zu!"

„Wer erklärt es ihr?" stöhnte ich auf.

„Wir befinden uns knapp vor dem Tiefwasserweg nach Port d'Antifer, dem größten Ölverladehafen in dieser Region. Das, was du da an Backbord siehst, ist kein Frachter sondern ein Tanker."

„Und? Was bringt mir diese Erkenntnis?" fauchte die ehrwürdige Mutter. „Er hält immer noch genau auf uns zu."

„Tut er nicht", winkte ich ab. „Er muß den Zwangsweg einhalten. Du wirst schon sehen."

„Dein Wort im Ohr meines Chefs", murmelte Thea, setzte wieder das Glas vor die Augen und fuhr fort, den Tanker nicht aus den Augen zu lassen.

Der Wind hatte entsprechend meinen Erwartungen schon in den

Vormittagsstunden deutlich nachgelassen. Anfangs wäre ich beinahe der Versuchung erlegen, den Spinnaker setzen zu lassen, aber der Wind wollte und wollte von Nordost nicht auf Ost umschwenken. Mit der an Backbord dichtgeschoteten Genua ließ sich Cap d'Antifer mit seinem auf einem rund hundert Meter hohen, steil abfallenden Felsen stehenden Leuchtturm noch soeben anhalten. Das Cap de la Heve, die Westecke von Le Havre, lag schon lange achteraus, während wir uns von der Tide an der steilen, weißschimmernden Felsküste entlang in Richtung Norden ziehen ließen. Auch die vielen Berufsschiffe hatten wir trotz des Dauerprotestes unserer angehenden Afrikamissionarin überraschend flott umfahren können. Und jetzt lag der Ölhafen von Le Havre vor uns. Und wegen des einen einlaufenden Schiffe machte Thea solch einen Aufstand.

„Weicht ab!" brüllte sie auch schon los.

„Wie bitte?" meinte Candida, die sich hinter dem stählernen Steuerrad sichtlich wohlzufühlen schien.

„Das Schiff weicht vom Kurs ab! Peter, würdest du bitte einmal schauen?"

„Geht das Theater schon wieder los?" Ich hatte es mir gerade auf den Kapokkissen in der Plicht sehr bequem gemacht. Ihr zum Gefallen richtete ich mich kurz auf und blinzelte nach Westen. Doch dort versperrte mir die Genua die Sicht.

„Kommt direkt auf uns zu! Peter, ich sag's nicht nochmal! Tu endlich was!"

„Ja, was hast du denn auf einmal?"

Fünf Sekunden später stand ich hinter dem Steuerrad, während auch bereits der Diesel ansprang. Ich legte den Gang ins Getriebe ein und gab Gas.

„Genua einrollen!" forderte ich und deutete auf die Reffleine.

Trotz des schlagenden Vorsegels nahm ich unter Maschine Fahrt auf und ließ die *Voyage* zur Seite ausscheren. Wußte der Henker, warum dieser offensichtlich mit Tequila abgefüllte Panamese mit seinem rostzerfressenen Öltanker ausgerechnet dann den Zwangsweg verlassen mußte, als wir hier auftauchten.

„Böööhhh! Böööhhh!"
Ich wirbelte herum. Aha, da kam die Lösung. Von Osten näherte sich ein Lotsenboot in voller Fahrt. Ihm folgte wesentlich langsamer ein Tanker mit hohem Freibord. Der hatte seine Ladung wohl bereits gelöscht.
„Oh, mein Gott! Oh, mein Gott!"
„Thea, hör um des Himmels Willen auf! Du machst alle wahnsinnig!"
„Ich habe eben Angst, zum Henker!" brüllte sie.
„Warum dauert das solange mit der Genua?" pfiff ich meine Vordeckscrew an.
„Weil schon wieder einer die Reffleine sauber aufgeschossen und mit einem sauberen Kopfschlag an die Festmacherklampe geknotet hat. Ich will da ja gar keinen anschauen, nicht wahr?"
„Waldemar, dein Ordnungssinn in Ehren", blaffte ich den Schwaben an, „aber Reffleinen gehören grundsätzlich nicht aufgeschossen und verknotet. Auch wenn's noch so schön ausschaut."
„Ay, Skipper", murmelte Waldemar einsilbig.
„Verdammt, schon wieder ein Überläufer!" schimpfte Tommy.
Da sich die Genua nicht wegrollen ließ, flatterte sie immer noch wild über das Vordeck.
„Verschwinde vom Vordeck!" brüllte ich nach vorne. „Das ist viel zu gefährlich! Wenn du das Schothorn vor die Mütze bekommst..."
„Böööhhh!" machte die Signalanlage des Lotsen.
„Ayayayayay! Paß auf! Das Lotsenboot!" schrie Thea wie am Spieß.
„Auahhhh!" jaulte auf einmal Charly auf.
„Um Himmels Willen!" stieß Candida aus. „Charly ist am Kopf verletzt."
„Das mußte ja so kommen!" Thea wechselte ihre Gesichtsfarbe von weiß in schneeweiß.
Ich kurbelte wie wild am Steuerrad. Der Panamese mit seinen dreihunderttausend Bruttoregistertonnen schob langsam aber un-

aufhaltsam und ziemlich dicht an unserem Heck vorbei. Ich war mir beinahe sicher, daß keiner von dieser Billiglohnland-Mannschaft uns überhaupt registrierte. Oder der Typ am Ruder war ein Freund von Bernd und Ludwig.

Langsam rollte die Genua weg, und ich erhielt wieder freie Sicht nach vorne. Damit leider aber auch Thea. Und die schrie wie am Spieß weiter. Ich kam mir vor, wie in einem nautischen Horrorfilm. Hinter uns der Tanker, keine zehn Meter vor uns der Lotse, der anscheinend alle möglichen Schallsignale und nicht unter hundertfünfzig Dezibel ausprobierte, ein Tanker an Steuerbord voraus und ein blutüberströmter Charly, der halb blind über die schlagenden Genuaschoten nach hinten ins Cockpit wankte.

„Schau dir bloß an, was du angestellt hast!" brüllte Thea los. „Ich hab dir gleich gesagt, du ..."

„Halt die Klappe!" erwiderte ich ruhig.

Charly sah wirklich zum Fürchten aus, Thea drehte beinahe vollständig durch und Candida übergab sich, nachdem sie den ersten Schreck überwunden hatte, in hohem Bogen über die Backbordreling.

„Tommy! Ans Ruder!" rief ich etwas lauter. „Thea, komm um Himmelswillen zu dir und hilf mir, Charly nach unten zu bringen. Waldemar! Paß bitte auf, daß uns Candida nicht noch über Bord fällt. Und fahrt einen weiten Bogen um den Tanker. Weiß der Teufel, was diese Burschen hier sonst noch für Überraschungen auf Lager haben."

„Das sieht aber böse aus", murmelte Thea, als sie Charlys Kopfwunde mit einem nassen Waschlappen sauber wusch.

„Das sieht supergut aus", widersprach ich ihr. „Einen Zentimeter tiefer, und wir könnten ihn jetzt von einem Helikopter von Bord abbergen und in eine Augenklinik fliegen lassen. Mensch, hast du ein Glück, mein Junge!"

Ich griff in die Bar und holte den Cognac heraus. Ich schenkte uns dreien großzügig ein. Sozusagen zur Nervenberuhigung.

„Wie ist das eigentlich passiert?" fragte Thea und tupfte nach-

strömendes Blut mit einem noch sterilen Mullbündel weg. „Ach, ich bin nach vorne und wollte den Überläufer auf der Refftrommel abwickeln. In Höhe der vorderen Unterwanten hat mich das Schothorn voll erwischt."

„Das kann man wohl sagen", bestätigte ich.

„Sehe ich schlimm aus?" fragte Charly.

„Na, zu einem Schönheitswettbewerb würde ich an deiner Stelle im Moment nicht antreten", meinte Thea.

Charly versuchte zu lachen, verzog dann aber schmerzverzerrt das Gesicht.

„Das müßte eigentlich geklammert werden", räumte Thea ein, als sie vorsichtig begann, bei unserem Börsenspekulanten einen Kopfverband anzulegen. Sie machte das überaus geschickt.

„Im Prinzip schon", stimmte ich ihr zu. „Wir werden sehen, ob die Blutung nicht nach einiger Zeit von selbst nachläßt. Ich bin mal auf *Solveig* mit dem Kopf voran in die geöffnete Backskiste gestürzt. Das blutete zwar wie auf einer Schlachtbank, aber genäht werden mußte ich nicht."

„Nein?" fragte Thea anzüglich. „Wäre aber besser gewesen."

„Ach, auf einmal wirst du wieder frech?"

„Du hast es gerade nötig, große Töne zu spucken."

„Hör mal zu, Tanker-Queen! Wenn du nicht bald..."

„Moment mal. Wie nennst du mich?"

„Du hast mich schon richtig verstanden."

„Chauvie"

„Heulsuse!"

„Idiot!"

„Terrorziege!"

„Auahh! Nicht so fest!" schrie Charly auf. „Willst du mir mit dem Verband das Gehirn herausquetschen, oder was?"

„Oh, Himmel, ist das schön!" stieß Candida aus und deutete auf die bizarren Felsen dicht oberhalb von Cap d'Antifer. Hier an der Cote d'Albatre ragten die Felsen vom Kiesstrand aus mehr als hundert Meter senkrecht in die Höhe. Die Abbruchkanten schimmerten weiß, die Kuppen grün. In einem Taleinschnitt erkannte man einen Ort.

Da wir bereits hinter dem Kap den Rest des Weges hätten vierkant gegenan kreuzen müssen, beschloß ich, die Genua erst gar nicht mehr auszurollen, sondern ließ stattdessen auch das Großsegel bergen. Unter Segel würden wir unser Etappenziel Dieppe bei dem immer schwächer werdenden Wind wohl kaum noch erreichen können. Zwar war ein Motortrip von über dreißig Seemeilen bis zu der bekannten Hafenstadt öde, aber wir mußten weiterkommen. Im übrigen war die Einfahrt von Dieppe auch bei Dunkelheit problemlos zu meistern, und am Steiger des Yachtklubs würden wir schon irgendwie noch ein freies Plätzchen finden. Trotzdem wollte ich meiner Truppe vorher noch den quirligen Badeort zeigen.

„Was sind das denn bloß für bizarre Felsen?" löcherte Candida weiter, die das Fernglas gar nicht mehr von den Augen nahm.

„Kennst du nicht?" fragte ich erstaunt. „Die findest du hier auf beinahe jeder Ansichtskarte. Das sind der Falaise beziehungsweise Porte d'Aval und die sogenannte Aguille. Falaise nennen die Einheimischen dieses von der Brandung aus dem Felsmassiv herausgewaschene Tor. Guy de Maupassant verglich den Felsen mit einem Elefanten, der seinen Rüssel ins Wasser steckt. Die Aguille ist die achtzig Meter hohe Felsnadel daneben."

„Kennst du den Ort?" fragte Tommy und zeigte auf die Häuser, die sich in einen sattgrünen Taleinschnitt schmiegten. „Gibt's da einen Hafen?"

„Das ist Etretat. Leider gibt es keinen Hafen. Aber vor dem Ort liegt ein flacher Kiesstrand. Davor können wir ankern und, wenn ihr wollt, mit dem Beiboot an Land rudern. Oben über die Klippen geht ein Wanderweg. Der Sentier des Douaniers, ein Zöllnerweg. Von dort oben habt ihr einen tollen Ausblick über die Bucht. Aber paßt bloß auf euch auf. Die Gefahrenstellen sind nicht wie Deutschland überall bezeichnet und abgesperrt. Ein idealer Ort für Selbstmörder."

„Huch!" machte Candida.

„Das ist noch nicht alles. Durch den Torbogen und die dahinter liegende Bucht könnt ihr auch, aber nur bei Niedrigwasser. Der Geschichte nach soll sich hier Arsène Lupin versteckt gehalten haben. Um dorthin zu gelangen, müßten wir noch ein paar Stündchen warten, denn Hochwasser ist gerade erst durch. Bei beginnender Flut ertrinken in der Bucht heute trotz der Warntafeln immer noch Leute. Wenn nämlich das Wasser steigt, und das geht hier ziemlich schnell, wird man urplötzlich von der Hauptbucht abgeschnitten. Und beim Schwimmen schlägt es selbst geübte Sportler gegen die Felskanten."

„Hör auf!" bat Candida. „Das hört sich ja grauenvoll an."

„Ich schlage vor, wir paddeln an Land und trennen uns in zwei Gruppen", fuhr ich fort. „Eine Gruppe schaut sich den Ort an, die andere inspiziert die Felsen. Und diese Gruppe hält bitte einen Blick auf die *Voyage*. Ich denke, auf eine Ankerwache können wir verzichten."

Keine zwanzig Minuten später ruckte die Zwölfmeteryacht mit rückwärts laufender Maschine in das Ankergeschirr ein. Der Kiesgrund hielt zwar nicht bombensicher, aber erstens wehte wenig Wind und zweitens konnte die Yacht nicht auf das offene Meer treiben. Wir luden Murkel ins Schlauchboot und setzten die erste Gruppe über, dann fuhr einer wieder zurück und holte die Restmannschaft ab. Tommy ging mit Murkel Gassi und versprach, ab und zu ein Auge auf unser Boot zu werfen. Charly wollte sicherheitshalber zum Arzt. Thea begleitete ihn. Ob da vielleicht doch...

„Solch ein bizarres Fachwerkhaus habe ich ja noch nie gesehen!" stieß Candida aus und verknipste gleich den halben Film. Wir hatten in Etretat endlich ein Fotogeschäft gefunden.

„Alles aus Holz", bestätigte ich. „Ein Restaurant. Es heißt ‚Le Galion'. Aber da solltest du dir erst einmal die Markthallen am Platz des Marschall Foche anschauen. Das sind wirkliche Sehenswürdigkeiten."

Wir schlenderten zu den in Holz errichteten Hallen. Candida erwarb an einem Stand ein paar Souvenirs, und ich kaufte mir eine

Flasche guten alten Hors d'Age aus Breuil-en-Auge. Eine Stunde
später stießen wir in einer Bar auf Charly und Thea. Charly sah
wieder ganz manierlich aus. Jedenfalls solange man einen Mann
mit einem dicken, weißen Kopfverband, der auch das rechte
Auge vollständig abdeckte, als manierlich bezeichnen kann.
Wenigstens war der Verband offensichtlich fachmännisch angelegt worden.

„Also, diese Alabasterküste ist der Höhepunkt dieser Reise",
schwärmten Candida und Thea an einem Stück. Candida, weil
sie sich an den gigantischen Felshängen gar nicht satt sehen
konnte, Thea, weil ihr seit Stunden kein einziges Berufsschiff
mehr unter die Augen gekommen war.

„Oh, jetzt färben sich die Felsen langsam rot. Interessant, wie
schnell hier die Gesteinsformationen wechseln."

„Das Gestein ist überall dasselbe", erwiderte Waldemar und blätterte das Seehandbuch vor und zurück. Er blinzelte nach Westen.
„Das wird wohl daran liegen, daß langsam die Sonne sinkt."

„Du hast recht!" stieß Candida aus und drückte mehrmals auf
den Auslöser meines Fotoapparates.

„Behalte wenigstens noch ein Bild für gleich übrig", ermahnte ich
sie. „Die Einfahrt von Fécamp ist in jedem Fall ein Foto wert."

Langsam wurden die Hotels an der Promenade immer deutlicher
erkennbar. Die Häuser von Fécamp hingen wie Kletten in dem
sanft abfallenden, grünen Taleinschnitt. Auf der gegenüberliegenden Seite hingegen fiel der Felsen steil zum Kiesstrand hin ab.
Dort lagen auch ein paar üble Klippen im Wasser.

Meine Truppe hatte in Etretat leider doch ziemlich getrödelt.
Aber jeder wollte noch hier und da einmal schauen, noch hier einen Kaffee trinken und dort ein Eis schlecken und in jenem
Geschäft nach Ansichtskarten suchen. So kam es, daß wir erst gegen fünf Uhr von dort wegkamen. Die Tide lief uns nun entgegen, aber mit der starken Einbaumaschine hoffte ich die Strecke
bis Dieppe doch noch bis kurz nach Einbruch der Nacht zu schaffen. Der Wind war bis auf ein bis zwei Beaufort zurückgegangen.
Mit uns motorten noch zwei Engländer in Richtung Nordosten.

Nur von dort kam uns eine kleine Gruppe Boote ebenfalls unter Maschine entgegen.

„Faszinierend, wie schnell hier der Wind dreht", bemerkte Waldemar und schob Murkel, der die ganze Zeit mit heraushängender Zunge dessen Bierdose beäugte, beiseite. „Gestern noch kam der Wind genau aus der anderen Richtung."

„Ach, das ist nichts Ungewöhnliches, wenn ein Tief wegzieht und sich ein Hochdruckgebiet in der Nähe aufbaut."

„Na, am IJsselmeer kommt der Wind immer nur aus westlichen Richtungen", warf Charly ein.

Ich nickte. „Am IJsselmeer gibt's sowieso nur Tiefdruckgebiete. Oder hast du dort oben schon mal schönes Wetter gehabt?"

„Ach, komm", lachte Candida. „Nun übertreibe aber nicht. Auch in Nordholland kann es schön sein."

„Ja, am ersten Wochenende im Juli. Kurz bevor der Winter anfängt."

Tommy grinste. „Stimmt! Das deckt sich genau mit meinen Erfahrungen. Im Sommer gibt's entweder Gewitter oder Flaute."

„Ist das eigentlich der Grund, warum du mit *Solveig* überwiegend in Südholland segeltest?" fragte Thea.

„Nicht nur", antwortete ich. „Es lag auch am Verkehr auf der Autobahn. Die Straßen nach Norden sind wesentlich überfüllter als in Richtung Westen. Aber das mit dem schlechten Wetter stimmt. Ich erinnere mich an eine Tour mit dem Auto hierher. Ich hatte noch Urlaub, aber in Holland goß und stürmte es in einem Stück. Also setzte ich mich in meinen Wagen, um mir für einen kommenden Törn schon einmal die Häfen aus der Nähe anzusehen. Kaum, daß ich mich hinter dem Pas de Calais befand, wurde es schlagartig wärmer und trockener."

„Was ist Pas de Calais?" fragte Candida, die wieder alles ganz genau wissen wollte.

„Die Straße von Dover", antwortete ich. „Genauer: die Enge zwischen Calais und Dover. Nochmal zurück zum Wetter. Das Klima im Sommer ist hier schon beinahe mediterran. Das liegt am Einfluß des Golfstroms, der sich trotz der Entfernung zum At-

190

lantik dennoch deutlich bemerkbar macht. Das spürt man besonders im Winter. Es gibt kaum Frost."

„Oh, schaut mal den weißen Turm dort auf der Mole. Das ist ein Motiv!" Thea riß den Fotoapparat in die Höhe.

„Warte", beschwichtigte ich sie. „Wenn wir erst die Südmole umfahren haben, siehst du das Leuchtturmhäuschen auf der gegenüberliegenden Seite. Und dahinter die Felswand. Das ist erst ein Motiv!"

„Woher weißt du das eigentlich alles?" fragte Charly kopfschüttelnd. „Das ist ja beeindruckend."

Während sich Thea an ihrem bissigen Kommentar verschluckte, winkte ich nur milde ab. „Ich sagte doch, daß ich hier schon einmal mit dem Wagen war. Übrigens keine schlechte Orientierungsmethode, sich erst einmal die Häfen von Land aus anzusehen. Hinterher weiß man, was auf einen zukommt, wenn man vielleicht bei Schietwetter mit dem Boot einlaufen muß. Da bleibt einem manch eine Überraschung erspart."

„Ich kann doch nicht erst auf die Virgins fliegen, mir dort einen Wagen leihen und wochenlang von Hafen zu Hafen gondeln, nur weil ich da vielleicht einmal zehn Tage im Urlaub chartern will", warf der praktisch denkende Charly ein.

„Die Karibik und erst recht die Virgin Islands sind auch nicht der Ärmelkanal, mein Bester", erwiderte ich. „Die Virgins sind ein typisches Anfängerrevier. Dort chartert man im Winter, also wenn dort Hochsaison herrscht, und dann ist dieser geschützte Karibikabschnitt sowieso zahm wie ein betäubtes Hauskätzchen. Den Ostteil des Englischen Kanals darfst du selbst während unserer Sommermonate ohne weiteres als Revier für Fortgeschrittene bezeichnen. Im Herbst und im Frühjahr ist der Abschnitt bis Cherbourg nur etwas für knochenharte Profis."

„Da ist das Leuchtturmhäuschen!" stieß Candida aus. „Du hattest recht, Peter! Oh, sieht das putzig aus!"

„Naja, du solltest hier mal bei Starkwind aus Westen einlaufen", entgegnete ich. „Da steigen die Brecher bis zum Dach empor."

„Sag mal, Peter", stieß mich Waldemar in die Seite. Die Sonne warf einen golden schimmernden Glanz über die Felswand östlich von Fécamp. Er deutete voraus.

„Es geht mich ja nichts an, aber denkst du nicht auch, daß die Burschen dort auf der Yacht nicht endlich den Blister herunternehmen und den Motor starten sollten. Meines Erachtens sind die schon ziemlich dicht an den Unterwasserklippen. Ich habe mir mal den Detailplan von Fécamp auf der Imray C 31 angesehen. Die Felsen erstrecken sich ja von Land aus beinahe vierhundert Meter seewärts."

Ich kniff die Augen zusammen und starrte ebenfalls nach vorne. Tatsächlich, da steuerte eine Sun Dream ganz langsam und dicht unter Land aus der entgegengesetzten Richtung auf Fécamp zu. Der Schiffstyp war mir geläufig, denn Bert Heinrichs hatte mehrere davon in seiner Flotte. Ich warf einen Blick auf die Windmeßanlage. Etwas über ein Beaufort, also praktisch Flaute. Aber der Blister auf dem Entgegenkommer stand noch. Das lag wohl daran, daß das Boot mehr von der Tide gezogen als von dem schwachen Wind vorangetrieben wurde. Dadurch entstand an Bord die trügerische Sicherheit, daß das Boot noch manövrierbar war. Doch das war es meiner Ansicht nach bei dem bißchen Wind und dem Tidenstrom schon lange nicht mehr. Der Typ dort drüben am Ruder hatte von einem Stromatlas wohl noch nie etwas gehört oder gesehen. Die Gezeitenströmung konnte hier dicht unter Land ziemlich übel und mit bis zu drei Knoten quer über die Riffe setzen. Wenn die jetzt nicht schnell genug...

„Was ist denn bei denen los?" meinte Tommy und deutete auf die drei Leute, die jetzt plötzlich wie aufgescheuchte Hühner über das Deck stolperten und in Windeseile den Blister und das Großsegel herunterrissen. Es sah aus, als versuchte jemand den Diesel anzulassen. Ich nahm instinktiv Gas zurück. Der Anlasser auf dem Schiff vor uns jaulte und jaulte, aber das befreiende Loswummern der beiden Kolben in den Zylindern blieb scheinbar aus, denn das Boot blieb wie festgewurzelt auf der Stelle liegen. Ich blickte mich um. Weit und breit war kein anderes Boot, das hätte helfen können, zu sehen.

„Das sieht aber gar nicht gut aus", nickte Candida und schüttelte den Kopf. „Die werden doch wohl nicht..."

„Worauf du einen lassen kannst", beendete Waldemar ihre Befürchtung. „Die sitzen auf, zum Henker! Ja, warum schmeißt denn von denen keiner die Maschine an? Vielleicht kommen sie noch frei."

„Hast du das Jaulen nicht gehört?" fragte ich ihn und gab wieder Gas. „Das war deren Anlasser. Vermutlich stimmt irgend etwas mit der Maschine nicht. Los, kommt! Wir werden sehen, ob da noch etwas zu machen ist."

„Wie wollen wir vorgehen?" fragte mich Tommy, als wir mit beinahe Vollgas auf die Havaristen zuschossen.

„Mal sehen", antwortete ich. „Am besten legen wir die *Voyage* draußen vor Anker, sonst treibt sie uns nämlich im entscheidenden Moment noch weg. Dann werfen wir ihnen eine Leine zu oder zwei Mann, am besten Waldemar und du, nehmen den Schlaucher, paddeln rüber und geben das Seil über. Hoffentlich reichen die Festmacher von der Länge her. Wir müssen also dicht heranfahren. Sobald das Prisenkommando wieder zurück ist, binden wir das Ende mit einem Palstek an einer Hahnepot fest. Anschließend wird der Anker gelichtet, und wir werden sehen, daß wir sie mit voller Fahrt voraus von den Klippen ziehen."

„An einer Hahnepot?" fragte Waldemar, während ich bereits einen Festmacher mit Kopfschlag auf den Heckklampen befestigte.

„Ja", antwortete ich. „Wenn du die Schleppleine lose mit der Querleine hier verbindest, rutscht sie beim Anziehen genau in Schiffsmitte. Andernfalls, also wenn du sie bloß an einer der Heckklampen befestigst, schert das Boot aus. Im übrigen verteilt sich die Zuglast besser."

Wir erreichten den Havaristen. An Bord der wesentlich kleineren Yacht herrschte der berühmte Zustand. Der Skipper gab völlig unsinnige Befehle in einer Lautstärke an seine Mannschaftsgrade weiter, daß ich glaubte, ich befände mich auf dem Exerzierdeck eines Zerstörers der Marine. Wir brachten die *Voyage* bis auf zwei Bootslängen oberhalb des Havaristen zum Liegen und warfen

Anker. Die schwere Kunststoffyacht legte sich sofort in den Strom und zeigte mit dem Bug in Richtung Norden. Wir ließen sie soweit stromab vertreiben, bis sie mit dem Heck beinahe in Höhe der anderen Yacht schwoite. Ausgerechnet auf den Klippen Les Charpentiers war das passiert! Ausgerechnet hier, wo der Tidenstrom ohnehin so stark setzte.

Ich stellte mich an die Steuerbordreling und schoß den Festmacher zum Werfen auf. Wir konnten glücklicherweise so dicht heran, daß ich mir zutraute, die Leinenbuchten bis zum Havaristen zu werfen. Plötzlich richtete sich der Skipper, der bisher an der Pinne herumgesägt hatte, auf und brüllte los.

„No! No, merci, Messieurs! No, merci!" Er ruderte abwechselnd mit den Armen herum und schüttelte den Kopf.

Waldemar stieß mich an. Auch ich merkte auf einmal, wen ich hier auf den Klippen vor mir hatte.

„He, Schulze!" brüllte ich zu ihm hinüber. „Ziehen Sie hier nicht solch eine Show ab. Wir wollen ihnen bloß helfen."

„Ach, Sie sind's schon wieder!" brüllte er zurück. „Nee, danke! So Typen wie Sie kenne ich! Ihr seid doch alles Piraten! Sie wollen hinterher von mir nur Bergelohn verlangen! Danke, aber wir kommen schon alleine zurecht."

Ich starrte Waldemar an, Waldemar starrte mich an. Wir wußten nicht, ob wir lachen oder weinen sollten. Für Außenstehende mußte das schon ein tolles Bild abgeben. Da lag eine Yacht gestrandet auf den Klippen vor Fécamp, eine andere, wesentlich größere kommt ihr zu Hilfe, und der Havarist lehnt wild gestikulierend jeden Beistand ab, weil man zu geizig war, eine Flasche Schnaps zu spendieren. Ach, oder meinte der etwa, ich wollte von ihm richtigen Bergelohn? So etwa zehn Prozent vom Neuwert des Schiffes?

„Schulze!" brüllte ich hinüber. „Hören Sie mit dem Quatsch auf! Wir wollen ihnen bloß helfen. Nun machen Sie schon und nehmen Sie endlich die Leine an."

„Für Sie immer noch Herr Dr. Schulze, Sie, Sie...", kreischte der Mann mit dem Baumwollkäppi auf dem Kopf. Er sprang auf die

194

Steuerbordseite seines Bootes und begann mit dem Bootshaken im Untergrund herumzustochern. Es dauerte genau eine Minute, und der Stab schwamm davon.

„Sagen Sie einmal", rief ich schon etwas leiser. „Ist das nicht eines der Boote von Happy Cruising?"

„Ja", antwortete der segelnde Ministerialrat erbost. „Was geht Sie das an."

„Ganz einfach", knurrte ich herüber. „Wie Sie vielleicht wissen, arbeite ich zeitweise für die Heinrichs. Soll ich etwa hinterher Bert Heinrichs berichten müssen, daß Sie sich, nur weil ihnen meine Nase nicht paßt, nicht haben helfen lassen? Das ist schon nicht mehr grobe Fahrlässigkeit, das grenzt ja beinahe schon an Vorsatz."

„Ich mache ein Foto von dieser grandiosen navigatorischen Meisterleistung", murmelte Thea, die daraufhin den Rest des Films verschoß.

„Also, was ist nun?" fragte ich. „Ich habe keine Lust hier zu überwintern."

Auf der Sun Dream entspann sich eine heftige Diskussion. Das andere Ehepaar und Frau Dr. Schulze begannen erst leise und schließlich immer lauter werdend auf den Ministerialbeamten einzureden. Doch Dr. Schulze winkte immer nur störrisch ab. Plötzlich stampfte der andere Mann auf, kletterte bis zu den Wanten und hielt sich dort mit einer Hand fest.

„Mir ist egal, was Sie verlangen", rief er zu uns herüber. „Hauptsache, das Boot geht nicht kaputt. Die Kaution ist schon hoch genug! Werfen Sie ihre Leine schon herüber!"

Während ich die aneinandergebundenen Festmacher durch die Luft sausen ließ, schrie Schulze wie am Spieß.

„Wenn etwas kaputt geht, zahle ich keinen Pfennig. Ich habe Sie nicht um Hilfe gebeten. Das ist ja glatte Piraterie! Wo haben Sie eigentlich ihren Segelschein gemacht? Von Etikette haben Sie wohl wirklich keine Ahnung, was?"

Der Typ saß mitten zwischen den Riffen auf Grund und verlangte hier Yachtetikette! Wenn ich es nicht mit eigenen Ohren gehört hätte, ich würde es nicht glauben wollen. Ich forderte Schulzes Mitsegler auf, an Bord des Havaristen mit einem Festmacher zwischen Vordeck- und Heckklampe ebenfalls eine Hahnepot zu bilden und unsere Leine mit einem Palstek locker daran zu befestigen. Schließlich sollte sich die gesamte Besatzung auf die Steuerbordseite verholen. Wenn überhaupt, dann ließ sich die Sun Dream nur seitlich gekrängt von der Untiefe herunterziehen. Dabei würde zwar der Kiel über den Meeresboden schrubbeln, aber ich hoffte inständig, daß sich das Boot noch jenseits der Felsnasen unter Wasser befand. Und im übrigen war es mir auch egal. Hauptsache, die Yacht mußte nicht sechs Stunden zwischen den Riffen verbringen. Wer weiß, was Schulze sonst noch alles anstellte.

„Hoch mit dem Anker!" rief ich nach vorne und gab etwas Vorwärtsschub, um das Geschirr unter Wasser zu entlasten.

Waldemar und Tommy stemmten sich gegen die Kette und zogen, daß die Knochen knackten. Als ich merkte, daß die *Voyage* frei kam, scherte ich zur Seite aus und ließ die Schleppleine möglichst sanft steifkommen. Schließlich gab ich Vollgas. Aus unserem Auspuff quoll rabenschwarzer Qualm, aber wir bekamen die Sun Dream mit meiner Methode nach knapp zehn Minuten zurück ins tiefe Wasser gezogen. Weil deren Motor immer noch nicht anspringen wollte, zogen wir die Vier samt Boot zurück nach Fécamp. Inzwischen war das Wasser soweit abgelaufen, daß wir mit unserem tiefreichenden Flossenkiel beinahe selbst noch im Hafenkanal steckengeblieben wären. Aber alles verlief glatt, nur wies uns der Hafenmeister aus falsch verstandener Rücksichtnahme leider zwei nebeneinanderliegende Boxen zu.

„Wie zum Teufel konnte das eigentlich passieren?" fragte ich das andere Ehepaar, dessen männlicher Part sich mir als Leitender Regierungsdirektor Dr. Schneider aus Bonn vorstellte. Oh, Himmel! Ein segelnder Beamtenapparat! Das mußte ja schief gehen. Wahrscheinlich mußte bei denen an Bord vor jeder Kursänderung erst einmal eine Staatssekretärsvorlage eingebracht werden. Obwohl Dr. Schulze in der Plicht der Sun Dream Pech und

Schwefel speite, stand uns sein Segelkamerad nebst Ehegespons anscheinend nur zu gern Rede und Antwort.

„Wir wissen auch nicht. Schon beim Ablegen in St. Valery-en-Caux gab der Diesel so merkwürdige Geräusche von sich. Das hörte sich während der Fahrt an, als ob sich der Motor andauernd verschluckte."

Mir schwante was, aber ich hütete mich davor, voreilig den Mund aufzumachen. Das war nicht unser Bier. Sollten die vier Peoples doch selbst morgen erst einmal nach einem Dieselmechaniker suchen, der ihnen die Treibstoffleitung entlüftete. Mit absoluter Sicherheit hatte Sonnenkönig Dr. Schulze unterwegs den Tank leer gefahren.

„Sind Sie eigentlich viel motort?" fragte ich und versuchte meine Stimme beiläufig klingen zu lassen.

„Nun", nickte der Leitende. „Wir hatten ja anfangs Westwind. Herr Schulze wollte nicht gegenan kreuzen und ließ, so wie er es von der Ostsee gewohnt war, den Motor bei gesetztem Großsegel mitlaufen. Richtig segeln konnten wir eigentlich erst ab Calais."

Richtig! Anläßlich der Spitzenleistung bei der Einfahrt in den Fährhafen von Calais war ich ja Zeuge gewesen. Ich überschlug vorsichtig die Fahrtstrecke und den Tankinhalt der Sun Dream. Doch, das konnte hinkommen.

„Und wie ist das mit den Klippen passiert?" fragte ich weiter.

„Die sind in der Karte nicht eingezeichnet!" meldete sich Schulze zu Wort.

„Kein Stück", bestätigte seine Frau. „Ich kenne die Karten. Ich navigiere immer an Bord der Yachten, die wir chartern."

„Nach welcher Karte navigieren Sie eigentlich?" fragte ich sie. „Nach dem Guide Michelin?" Ich deutete auf den weltbekannten, feuerroten Gourmetführer, der aufgeschlagen in der Plicht herumlag.

„Ja, das ist doch wohl..." stammelte die Frau Navigatrice entrüstet. Sie wandte sich an ihren Mann. „Sag du doch auch mal etwas!"

„Ich denke", meinte ich beiläufig, „Sie beide sollten jetzt erst mal gar nichts mehr sagen. So lässig, wie Sie uns entgegengekommen sind, sah das aus wie beim berühmten Segeltriathlon. Dreimal „S“. Sitzen, Saufen, Selbststeueranlage. Tolle Seemannschaft, muß ich schon sagen. Ad eins: die Riffe sind in der Karte eingezeichnet. Falls die gnädige Frau mit der Imray navigiert, werfen Sie doch mal einen Blick in die Detailkarte von Fécamp. Ad zwei: was ihren Motor angeht, einen Tip zur Güte. Suchen Sie mal das Motormanual und darin die Kapitel über „Treibstofftank auffüllen“, „Treibstoffilter säubern“ und „Treibstoffanlage entlüften“. Schätze, dann läuft das Ding auch wieder. Tja, Kamerad, echte Seemannschaft lernt man eben nicht aus Büchern. Und erst recht nicht aus Segellehrbüchern.“

„So eine Frechheit ist mir doch noch nie untergekommen!“ schimpfte der ministeriale Doktor auf einmal wutentbrannt los. „Das muß ich mir als Autor...“

Jetzt war es Candida, die urplötzlich in schallendes Gelächter ausbrach.

„He, sind Sie etwa dieser Dr. Schulze, der das Lehrbuch „Segeln lernen in Theorie und Praxis“ geschrieben hat? Ist ja super! Mir stellen sich die Haare zu Berge! Peter, jetzt verstehe ich wirklich, warum du noch nie einen Segelkurs besucht hast.“

Thea kam mit Dr. Schulzes Lehrbuch über angewandte Seemannschaft auf seegehenden Segelyachten in unser Cockpit und hielt es demonstrativ in die Höhe. Ehe einer von uns eingreifen konnte, flammte ein Feuerzeug in ihrer Hand auf, und zweihundert Seiten Papier fingen sofort Feuer.

„He, Gevatter! So muß ihr Segellehrbuch aussehen! Dann klappt's auch mit dem Nachbarn!“

So nicht, Herr Doktor!

„Wie sieht's aus, Waldemar? Bekommst du's wieder hin?"

Vier Augenpaare starrten auf den hageren Schwaben herunter, der gerade versuchte, die Treibstoffpumpe hinter dem Hauptfilter zu erreichen, damit sich die Dieselleitungen entlüften ließen.

„Meiner Treu!", schimpfte Waldemar und wischte sich mit der linken Hand den Schweiß von der Stirn. „Wer diesen Schiffsdiesel konstruiert hat, gehört erschlagen."

„Nicht der Konstrukteur des Motors", warf ich ein und zupfte mir eine Flasche Tuborg aus der Kühlbox. Es war verdammt heiß hier unten in der stickigen Kajüte des einzigen momentan betriebsuntüchtigen Bootes unseres Konvois. Bert Heinrichs hatte drei gleiche Yachten gemietet, um zu testen, ob es sich lohnte, auch ins Yachtvermittlungsgeschäft einzusteigen.

„Der Idiot, der für die Inneneinrichtung dieses Joghurtbechers verantwortlich ist", fuhr ich fort. „Vermutlich der Werftchef selbst. Das Ding hier taugt doch nur für Leute, die sich höchstens mal hundert Meter vom Hafen wegtrauen."

„Aber, Peter!" mischte sich der Chef von Happy Cruising ein, der wegen des schütteren Haupthaars seine schon feuerrot verbrannte Stirnglatze mit einer Baseballkappe vor der mediterranen Sonne schützte.

„Nun mach aber mal 'nen Punkt! Die Boote sind tadellos. Das Problem ist, daß der Motorraum für die alte Baureihe des Motorenherstellers konzipiert worden war. Plötzlich ändern die den kompletten Maschinenaufbau, ordnen wichtige Teile seitlich anstatt vorne an, und schon treten bei der Wartung logischerweise Probleme auf. Schon als dieser Bootstyp auf der Messe vorgestellt wurde, habe ich denen von der Werft gleich gesagt, daß man im Toilettenraum und in der Achterkajüte unbedingt noch Klappen einbauen muß."

„Und, was haben sie dir geantwortet?" fragte ich, gewisses Interesse vortäuschend.

Im Grunde genommen war es mir egal, ob Waldemar den Motor auf dieser Mistgurke hier zum Laufen bekam oder nicht. Auf meinem Flottilla-Boot, das neben dieser schwimmenden Reparaturwerkstatt dümpelte, lief die Maschine jedenfalls. Schließlich gehörte der beste Motorenmechaniker nördlich und südlich der Bundesautobahn A 8 zu meiner Mannschaft.

Bert Heinrichs wurde sichtlich kleinlaut. „Sie meinten, daß ihre Werftmechaniker ganz leicht alle wichtigen Teile zu Service-zwecken erreichen können. Wenn etwas Ernsthaftes zu reparieren sei, dann müßte man sich halt an ein Serviceunternehmen der Werft oder des Motorenherstellers wenden."

Waldemar brach trotz seiner orthopädisch äußerst ungünstigen Körperhaltung in schallendes Gelächter aus.

„Ja, ja. Diese Spinner! Haben Sie die auch mal gefragt, wo man mitten auf dem Mittelmeer eine Servicewerkstatt für nordeuro-päische Heizöltriebwerke herbekommt? Und hat man ihnen auch gesagt, wie gerne die Werft ihre Mechaniker auf die Balearen, nach Griechenland oder in die Türkei einfliegt? Samt Werkzeug-koffer?" Bert Heinrichs schaute mich traurig an. Ich ließ den In-halt der Tuborg-Flasche in meiner Kehle verdampfen und nickte.

„Weißt du, Bert", fügte ich hinzu, „wenn man zum Entlüften ei-nes Dieselmotors ein dressiertes Frettchen braucht, dann hat ei-ner der Beteiligten entweder seine Hausaufgaben nicht gemacht, oder er ist ein Ignorant und Dummschwätzer. Weißt du noch, Waldemar, auf der letzten Bootsausstellung in Düsseldorf? Der Typ von der skandinavischen Werft, der uns allen Ernstes fragte, ob wir denn ein Segelboot kaufen würden, nur um an der Ein-baumaschine herumzubasteln."

Bert Heinrichs zog sich wieder aus dem Niedergang zurück und überließ diesen günstigen Beobachtungsplatz Charly, dem eigent-lichen Bootsführer dieser Flottilleyacht. Der Banker aus Frank-furt ließ sein Dupont-Feuerzeug klicken.

„He, Gevatter!" knurrte Waldemar und funkelte den rauchenden Yuppie mit ölverschmiertem Gesicht an. „Nicht die Zigaret-tenasche herunterschnippen! Hier schwimmt alles im Diesel!"

„Tschuldigung!" meinte Charly und warf seinen gerade erst ange-
zündeten Glimmstengel wieder über Bord.

Plötzlich rumpelte es an Deck. An Steuerbord legte das dritte
Boot unserer Flotte an. Sie waren ein Stück vorausgeeilt, dann
aber umgekehrt, als sie sahen, daß die anderen beiden Boote
plötzlich nicht mehr folgten.

„Was ist denn bei euch los?" grinste Candida und schob sich die
Sonnenkappe in den Nacken. „Ist der Sprit alle?"

Ich hangelte mich nach oben in die Plicht und ließ Waldemar alleine werkeln. Als mich Murkel, der auf dem anderen Boot neben
Thea unter dem Sonnensegel im Schatten döste, bemerkte, begann sein Schwanz auf und nieder zu schlagen. Vermutlich hatte
er meine Tuborg-Flasche in der Hand gewittert.

„Nö", antwortete ich und zog ihr den Mützenschirm so tief ins
Gesicht, bis er auf ihrer Nase auflag. Candida schüttelte mich lachend ab und blickte sich um.

„Und?" meinte sie schließlich. „Bekommt Waldemar das Ding
wieder hin, oder müssen wir euch schleppen?"

„Schleppen?" grinste ich. „So wie damals bei eurer Praxisprüfung
auf dem IJsselmeer? Ich weiß nicht, ob Bert so etwas nochmal
ohne Herzinfarkt übersteht."

„Hütet euch!" stieß Bert Heinrichs aus.

Ich weiß, lieber Leser, ich bin der Handlung wieder einmal kräftig vorausgeeilt. Nach unserem Zwangsaufenthalt in Fécamp legten wir anderntags in aller Frühe ab und erreichten zeitig
Boulogne, wo wir im Stadtzentrum am Ende des Hafenkanals
beim örtlichen Yachtklub festmachten. Der kommende Tag
brachte wieder eine gewisse Spannung mit sich, weil sich Thea
angesichts der bevorstehenden Auseinandersetzung vor Calais
mit den Fährschiffen diverser ortsansässiger Reedereien standhaft
weigerte, rein vorsorglich Baldrianpräparate in Klinikgebinden
einzunehmen. Die Aufregung steigerte sich für kurze Zeit in „Oh-
gottohgott!"-Stöhnen und „Maamii!"-Geschrei, als vor uns im
Küstennebel die dunkelblaue P&O und die schneeweiße Stena ge-

nau während unserer Überquerung des Tiefwasserweges in Richtung Ridens de la Rade auftauchten und die *Voyage* offensichtlich als Wegpunktmarke ansahen. Nun, ich gebe zu, diesmal wurde es wegen der schlechten Sicht wirklich etwas eng, und Theas Angstgeschrei besaß eine gewisse Berechtigung. Dafür aber legte sie Stunden später eine derart stoische Ruhe an den Tag, daß man nicht glauben konnte, dies sei dieselbe Thea.

Wir durchquerten gegen drei Uhr nachmittags bei immer noch mieser Sicht und unter einem bleiernen Himmel das Hauptfahrwasser in Richtung Dünkirchen oder Dunkerque, wie es im Französischen heißt. Das Ufer konnte man kaum noch ausmachen, so sehr flimmerte die Luft und so dunstig war es. Dünkirchen besitzt zwei Häfen. Den westlichen steuern nur Berufsschiffe an, im Osthafen existieren zwei relativ gut geeignete Anlegemöglichkeiten für Sportboote. Es war heiß geworden, und der Wind drehte in jede erdenkliche Richtung. Candida, Tommy, Charly und Waldemar dösten auf dem Vordeck und dem Kajütdach oder pfiffen sich den letzten gekühlten Biervorrat ein. Ich schaute einer Eingebung folgend etwas intensiver nach Land hinüber, weil ich mich schon seit einer halben Stunde wunderte, warum denn die Heuleinrichtungen der Seezeichen wie wild herumblökten. Ich riß mir die Sonnenbrille von den Augen. Oha, da braute sich aber was zusammen! Na, ich war einmal gespannt, wie meine angehenden Skipper mit dieser neuen Situation fertig wurden.

Keine zwei Seemeilen vor der Einfahrt in den Port Est de Dunkerque entlud sich ein Gewitter mit einer solchen Heftigkeit und mit einem solchen Getöse, daß es selbst mir kalt den Rücken herunterlief. Und meine Gänsehaut rührte nicht nur von dem eisigen Hagelschlag her, der genauso abrupt einsetzte. Meine Sonnenanbeter sprangen wie aufgescheuchte Hühner über das Deck, schmissen vor lauter Aufregung drei Sonnencremetuben, zwei Badetücher und Charlys Walkman samt Mini-Lautsprecherboxen, die sogenannte „Quietsche-Box", über Bord und verschwanden quiekend und schimpfend in der Kajüte. Nun hockten Thea und ich alleine draußen in dem Unwetter. Zwischen zwei Blitzen starrte ich zu unserer Bordemanze hinüber, die, nachdem ich die Segel weggenommen hatte, den Motor startete und den Rest bis zur Hafeneinfahrt unter Maschine weiter dieselte. Selbst als kurz darauf im Hafenkanal keine fünfzig Meter neben uns ein Blitz laut krachend in den schneeweißen Leuchtturm einschlug, zuckte sie kaum mit den Wimpern. In der Kajüte hingegen hatten Candida, Waldemar und Tommy alle Hände voll zu tun, einen am ganzen Körper zitternden Murkel zu beruhigen. Doch ein auslaufender Hafenschlepper und ein Lotsenboot, das ihm mit steil aufgerichteter Bugwelle in kurzem Abstand folgte, holte auch Thea schließlich wieder auf den Boden der Tatsachen zurück. Ich war froh, daß sich Tommy, der inzwischen in sein Ölzeug gestiegen war und einen breiten Südwester trug, als Gentleman erwies und sie am Ruder ablöste. Ich indes holte mir noch an diesem Abend den schlimmsten Sommerschnupfen meines Lebens.

„Wie sieht's aus?" rief mir Thea schon von weitem entgegen. Gemeint war das Ergebnis der Segelscheinprüfung, der sich Candida, Charly und Tommy momentan in einem Nachbarzimmer des Restaurants stellten. „Die Praxis haben alle drei bestanden", antwortete ich. „Jetzt sitzen sie in dem Raum da drüben und sind in der theoretischen. Wie war die Fahrt?"
„Nicht schlecht. Abgesehen davon, daß Bert Heinrichs VW-Bus inzwischen an allen Ecken und Enden klappert."
„Du sollst mit ihm auch nicht rasen", ermahnte ich sie.
„Mit dem ollen Ding?" lachte sie. „Unmöglich."
Sie deutete in Richtung der Tür, hinter der meine drei Landratten ihre seglerische Kompetenz auch noch schriftlich vor einem Prüfungsgremium unter Beweis stellen mußten.
„Bei der praktischen alles glatt gegangen?"
„Von wegen", erwiderte ich. „Im Kurs sind fünfzehn Prüflinge. Rate mal, welche Gruppe als Einzige ein Schleppmanöver durchführen mußte."

Ich wies nach draußen, wo schon seit diesem Morgen ein kräftiger Fünfer die Masten im Hafen ganz schön durchschüttelte.

„Nein!" stieß Thea aus. Ihre Augen wurden riesig groß. So groß hatte ich sie das letzte Mal gesehen, als uns in der Mündung der Westerschelde ein Stückgutcontainerfrachter laut tutend in Armabstand überholte und uns gleichzeitig zwei Lotsenboote aus Vlissingen entgegen kamen.

„Anstatt die beiden Boote mit langen Trossen und zwei Hahnepots vorne und hinten über die Außenklampen zu verbinden, bestand der Prüfer darauf, daß die Boote lehrbuchmäßig nebeneinander vertäut wurden. Ehe auch nur die erste Leine auf den Klampen belegt war, kam bei einem der Boote auch schon eine der Salinge herunter. Na, Bert Heinrichs war begeistert."

„Das kann ich mir deutlich vorstellen", murmelte Thea.

„Und jetzt rate mal, wer im Prüfungskommitee sitzt", fuhr ich fort.

Theas Augen wurden kullerrund.

„Nein!" stieß sie aus. Ich nickte wortlos.

„Nein!" wiederholte sie. „Nein, das glaube ich einfach nicht!"

Ich nickte erneut. „Doch! Ich habe mit dem Inhaber der Segelschule gesprochen. Eine Zurückweisung eines Prüfers wegen Befangenheit sieht die Prüfungsordnung angeblich nur bei enger Verwandtschaft zwischen Prüfer und Prüfling vor. Nichts zu machen."

„Er wird sie in der Theorie durchfallen lassen!" rief Thea.

Unsere seefahrende Moraltheologin im letzten Studiensemester ließ sich schwer atmend in einen der Stühle fallen.

„Jetzt brauche ich einen Schnaps. Aber einen doppelten."

Der Restaurantwirt goß uns zwei Gläser mit Genever bis zum Rand voll. Ich nickte bedrückt, weil ich auch schon insgeheim diese Möglichkeit in Erwägung zog. Prüfungsergebnisse sind immer Auslegungssache. Und wie überall waren auch bei einer Segelscheinprüfung die Mitglieder des Prüfungskommitees praktisch unantastbar. Man konnte zwar hinterher Protest einlegen, aber was brachte das schon. Mit einem Mal erhellte sich Theas

Miene. „Keine Panik, liebster Peter", grinste sie spitzbübisch. „Ich denke, ich habe da eine Lösung für das Problem."

Sie deutete auf ihre Handtasche. Ich merkte, wie sich auch mein Gesicht schlagartig aufhellte.

„Wie?" stieß ich vor Begeisterung laut aus. „Hast du den Film von unserem Törn tatsächlich wiedergefunden? Sind die Bilder etwas geworden?"

Immer noch breit grinsend schob sie mir einen Stapel Abzüge hinüber. Ich blätterte sie hastig durch. Schließlich deutete sie triumphierend auf ein ganz bestimmtes Bild.

„Ach, ist das schön!"

„Nicht wahr?" bestätigte sie.

„Wir müssen noch in die Mündliche!" rief Candida. Sie schien kreuzunglücklich. Auch Charly und Tommy machten mißgelaunte Gesichter.

„In die Mündliche?" fragte ich ungläubig. Ich hatte gehört, daß nur die Prüflinge nach der schriftlichen Klausur in die mündliche Prüfung kamen, bei denen sowieso Hopfen und Malz verloren war.

„Was heißt das?" fragte Thea. Mit einem Mal schien sie wieder wie eine überraschend auferstandene rothaarige Jeanne d'Arc, kurz vor der Vernichtung der englischen Truppen in Orléans.

Charly hielt den ausgestreckten Zeigefinger an seine Kehle und deutete die internationale „Abmurks"-Geste an.

„Moment mal!" stieß der rote Erzengel aus, ergriff die Handtasche und stürmte an allen vorbei in den Prüfungssaal.

Candida, Charly und Tommy sahen mich fragend an. Ich zuckte die Achseln. Nach ein paar Minuten entspann sich in dem Nachbarraum eine ziemlich heftig geführte Diskussion. Kurze Zeit später vernahmen wir Ausdrücke wie „Anfänger!", „Arrogantes Weibsstück!", „Ignoranter Beamtenar...!", „Blöde Ziege!" und so weiter. Thea schien also in eine fachliche Diskussion mit einem männlichen Spezies unserer Rasse geraten zu sein. Schließlich wurde hastig die Tür geschlossen, woraufhin die Diskussion aber nur noch lauter zu werden schien. Eine weitere

Viertelstunde verging, ehe Thea mit hochrotem Kopf den Prüfungssaal verließ, wobei die Tür heftig ins Schloß krachte. Jemand riß sie wieder auf.

„Sie haben kein Benehmen, junge Dame!" brüllte Ministerialrat Dr. Schulze hinter ihr her.

„Und Sie haben keine Ahnung! Und das ist viel schlimmer!" brüllte die rothaarige Furie zurück.

Thea hatte sich kaum niedergelassen und ein Beruhigungsbierchen bestellt, da trommelte Dr. Schulze alle fünfzehn Prüflinge zusammen. Er führte sie in den Prüfungsraum. Nach zwanzig Minuten kamen fünfzehn frisch gebackene Segelscheininhaber herausstolziert. Jeder hielt ein Papier in der Hand, auf dem die Unterschriften des Prüfungskommitees erst noch trocknen mußten.

„Glückwunsch! Glückwunsch!" riefen Thea und ich, als die drei winkend und lachend auf uns zusteuerten.

„Was hast du dem Schulze eigentlich erzählt?" fragte Candida. „Wir sollten doch noch in die mündliche Prüfung. Wieso hat er seine Ansicht nach eurer Auseinandersetzung zu rasch geändert?"

Thea lachte breit und zog die Bilder von unserer Ausbildungsfahrt aus der Handtasche. Sie suchte einen ganz besonderen Abzug, auf dem eine Sun Dream zu sehen war, die offensichtlich auf einer Untiefe festhing. Auf dem Bild war ein Mann zu erkennen, der mit weit aufgerissenem Mund und drohend erhobenen Bootshaken seine Mannschaft aufs Vordeck trieb. Die Szene erinnerte an einen Cartoon von Mike Peyton. Jeder konnte auf dem Bild den Ministerialbeamten erkennen.

„Gesagt habe ich eigentlich nicht viel", grinste sie. „Ich ließ den Abzug unter den übrigen Prüfern die Runde machen und drohte Dr. Schulze an, dieses Bild in Vergrößerung an sämtliche Wassersportzeitschriften zu schicken und darauf hinzuweisen, wer dieser Navigationskünstler und wie ausgeprägt seine Seemannschaft ist. Der wäre als Prüfer doch gleich geschaßt worden."

„Ich denke, ihr schiedet nicht als Freunde", sagte ich.

„Ich denke, da könntest du recht haben", antwortete sie mit einem gewissen Blitzen in den Augen.

„So, fertig", knurrte Waldemar und richtete sich auf. Als er seinen Rücken reckte, konnte man eine ganze Menge Knochen und Gelenke knacken hören.

„Startet mal!" meinte Bert Heinrichs, der die letzte halbe Stunde neben Waldemar gehockt hatte und jetzt froh war, daß es noch Leute gab, die nicht nur die Telefon- und Fax-Nummer der nächsten Motorservicestation im Kopf hatten.

Er deutete mit der rechten Hand auf das Armaturenbrett in der Plicht. Charly drückte den Starterknopf. Der Anlasser rastete ein, der Keilriemen begann zu rotieren, und schließlich sprang der Motor wummernd an.

„Tolle Technik, diese Technik", meinte Waldemar trocken. „Immer wieder faszinierend anzuschauen, wenn sie denn auch tatsächlich funktioniert."

„Und?" fragte Bert Heinrichs. „Woran lag es?"

„Jemand hat beim letzten Service-Check vermutlich an irgendeiner falschen Schraube herumgefummelt. Zwei Schraubverbindungen waren lose. Da zogen die Leitungen Luft. Dauerte ziemlich lange, bis ich dahintergekommen war, wo der Fehler tatsächlich lag. Jetzt weiß ich auch endlich, warum sich Vercharterer ausgerechnet solche Schiffe anschaffen, bei denen man an die wichtigsten Teile möglichst nicht herankommt."

„Können wir dann weiter?" rief Charly von oben hinunter, während Waldemar mit Bert Heinrichs Hilfe die Treppe wieder vor den Motorblock wuchtete.

„Einen Augenblick!" rief Waldemar nach oben. „Ich mache noch schnell einen Eintrag in euer Logbuch, wenn ihr erlaubt."

„Meinetwegen", meinte der das Jahr über mit Wertpapieren handelnde Schiffsführer.

Nach ein paar Augenblicken brach unter Deck ein wieherndes Gelächter aus. Die Crews unserer drei Konvoischiffe blickten erstaunt hoch. Alle Blicke lagen auf Waldemar, der laut lachend den Niedergang emporkletterte. Triumphierend hielt er das Logbuch in die Höhe. „Wißt ihr eigentlich", fragte er mit Tränen in den Augen, „wer das Boot vor euch gechartert hat?"

Bis auf Thea schüttelten alle den Kopf.

„Nein!" stieß unser rothaariger Erzengel aus. „Nein! Das glaube ich einfach nicht!"

„Doch!", wieherte Waldemar weiter. „Hier steht's schwarz auf weiß! Motoren-Check durchgeführt. Alles o.k. Keine besonderen Vorkommnisse. Gezeichnet Dr. Schulze. Ministerialrat."